生かされ活きる倶楽部創りシリーズ

スイミング・フィットネス

クラブ再創造への道

——佐野豪のファシリテーション・メソッド——

佐野　豪　小森敏史
ビバスポーツアカデミー　編著

不昧堂出版

本書の無断複写は、著作権法上での例外を除き、禁じられています。

　複写される場合は、そのつど事前に（社）出版者著作権管理機構の許諾を得て下さい。

　一般社団法人　出版者著作権管理機構　**JCOPY**

　〒162-0828　東京都新宿区袋町6　日本出版会館

　電話:03-3513-6969　Fax:03-3513-6979　e-mail:info@jcopy.or.jp

　ホームページアドレス：http://www.jcopy.or.jp/

推薦のことば

　フィットネスクラブのほとんどは新規入会者獲得のために「値引き」をしています。しかし私は「サービスマインド」を最高の価値とし、それを事業所で提供すれば会員様に喜んでいただけると考えています。実際は「サービスマインド」の理解や提供が出来ていない従業員もいますので、クレームが届くことも多々…

この状況を脱するべく研修や、私自身も事業所を訪問して従業員に「サービスマインド」について話をしています。しかしまた同じようなクレームが届き、ずっと頭を悩ませてきました。

　しかし、この本の中に解決法を見つけました。それは今までやってきた方法と180度ちがう方法でした。キーワードは「会員・スタッフが協働的・共創的に考え創造していく」。この言葉を見て、海外で行われていた折り紙を使った実験を思い出しました。

　　被験者は2グループ。折り紙の作り方を教えてから折ってもらう「製作グループ」と、自分では折らずに折るのを見ているだけの「観察グループ」。皆初心者なため出来上がった折り紙はとても不格好です。被験者2グループにその折り紙にいくらの値段を付けるのかを調査しました。それぞれのグループがどのような値段を付けたと思いますか？「製作グループ」はこの折り紙をすばらしいと評価し、「観察グループ」の5倍の額を支払うと言ったのです。

　　　　　　　　　　　　（ダン・アリエリー　－仕事のやりがいとは何か？－より）

　確かに自分自身で作った物は形が悪くても愛着があります。では会員様をまきこんでクラブの「製作グループ」をつくったらどうなるでしょうか？ク

ラブへの愛着が湧き、価値が高まり、その結果、継続率が上がるでしょう。そうなれば「値引き」は不要となるのです。

　新しいクラブをつくればそれだけで人が集まってきた時代もありましたが、今やクラブの価値は施設の新しさや会費の安さではなく、そこにいる人の意義・創造・チャレンジ・誇りなど全てを足して考える時代となったようです。
　本書は1回読んだだけでは即効果が現れるような簡単な内容ではありませんが、何度でも読んでいただき、全国のスイミングクラブ・フィットネスクラブがこれから迎える高齢者社会において重要な役割を担えるようになることを希望しております。

（社）日本フィットネス産業協会前会長
株式会社 ザ・ビッグスポーツ
代表取締役　藤原　達治郎

はじめに

いまこそ、スイミング・フィットネスクラブの再創造を！
〜「自然人間学」をベースとした「生かされ活きる」倶楽部創り〜

　2012年11月の合同ミーティングから始まった変革を一言で言えば、スタッフ・会員さんの活力の爆発、と言えるだろう。私たちの先輩倶楽部であるSPJの金原代表は「ハジける」と表現しておられる。倶楽部に集う人たちには、会員や保護者、スタッフという立場がある。スタッフには、社員・アルバイト、上司・部下といった社内の立場もある。だが、そうしたレッテルが一人一人の活力を抑圧している。みな同じ「人間」である事実を、案外忘れてしまっている。

　ある時、佐野先生から学んでいる本質論とは何なのだろう、と疑問に思った。ふと「人間学」という言葉を思いつき、佐野先生に聞いてみた。佐野先生から返ってきた言葉は「自然人間学」。なるほど、自然から人間を眺めるからこそ、人間の本性に気づくのだ。全国のスイミング・フィットネスクラブのスタッフに、そうした視点はあるだろうか。教養課程を疎かにし、専門課程にばかり傾注していないか。「自然人間学」こそ、全業界人が学ぶべき教養課程だと、私は確信している。

　「自然人間学」という視点で眺めれば、従来のスイミング・フィットネスクラブがいかに不自然な場であるか、人間らしくない場であるかに気づく。そして、子ども・大人会員さんの気持ちよりも、システム・マニュアルを無意識に優先させてきたことに愕然とする。すると、スタッフとしてではなく一人の人間として、こうありたい、こうしたい、という熱い思いが溢れ出し、会員さんとシンクロしていくのだ。「生かされ活きる」がそこから始まる。

1999年、WHOの健康の定義にスピリチュアルを加える議論があったが、スタッフの内面から会員さんの内面へと広がっていく変革・新生のプロセスには、まさに、魂を揺さぶる感動がある。本書に載せたスタッフ・会員さんの生の言葉から、その一端を感じて頂きたい。

スイミング・フィットネスクラブには、無限の可能性がある。しかし自戒を込めて書けば、その可能性に蓋をしているのはオーナー・支配人の固定概念である。抑圧されているスタッフ・会員さんの活力を解放するには、私たちの潜在意識に沈んでしまった固定概念に働きかけ、リセットしなければならない。そうすれば、視界は一気に開ける。本書はその一助となるはずである。ピンとこなかった箇所は、ぜひ何度も何度も読んで頂きたい。

これからスイミング・フィットネスクラブの社会的役割はますます大きくなっていく。業界関係者はもちろん、研究者、教職員、行政関係者など、一人でも多くの方に本書から何かを感じ、何らかの一歩を踏み出して頂ければ幸いである。

ビバグループ代表　小森　敏史

目　次

はじめに

プロローグ（9）

第1章　基調メッセージ

―必要とされる倶楽部創りの輪を全国に広げよう―

40年近い唯一の業界変革提言者　ファシリテーター　佐野豪 ……………15

第2章　講演

業界の新たな学びと気づきを願って
―スタッフの学び合いからが、最短のクラブ新生の歩み―

ビバグループ代表　小森敏史 ………………44

第3章　レポート

変革・新生への歩み
―マネージャー・スタッフが本心から語る―

ビバグループ・マネージャー＆スタッフ ………………61

第4章　座談会

パートナースタッフの働きがい・生きがいを語る
―「スタッフの働きがい・生きがいを育み合う」を語る―

ビバパートナースタッフ＆佐野豪 ………………77

第5章 成果・反響の声の一部紹介
―保護者・会員との感動の共有エピソード・レポートより―

……………………104

第6章　ドキュメントが証すクラブ再創造への礎
―生かされ活きるファシリテーション・ワークショップ ―

……………………119

エピローグ（167）

本書の構成

　第1章から第3章は、2014年6月29日に、京都アクアリーナ会議室で開催された"佐野豪（変革提言第一人者）によるメールマガジン開設セミナー""「京都で学ぶ」クラブ新生レポート型セミナー"の全国発信の要約をまとめたもの。第4章は、合同ミーティング時に、語り合ったパートナースタッフとの座談会。第5章は、ビバグループ3クラブの保護者・会員のエピソード・レポート数百枚から抜粋して紹介したもの。

　第6章は、ビバグループ3クラブにて開催された1年間の"礎"である、定例合同ミーティングのフィロソフィー＆メソッドをファシリテーターの視点から公開・解明したもの。

プロローグ

日本の緊急的な社会問題と結びつく

―業界への四十年間の提言が、集大成期として"追い風"を受ける―

生かされ活きるスイミングクラブへ

― 幼児期に大切な環境創りから、新しい大学入試へのサポートまで、一貫して結びついてきた ―

その一貫した"追い風"を要点のみあげてみましょう。

・少子高齢化と共に、子育て支援の大切さが、いろんな分野に広がりました。まさに大変な子育て、孤独な子育て、過ちがちな子育てへの支援が必要です。幼児・保護者・スタッフが生かされ活きる"共同子育て"をテーマにしてきた子育ち・子育ての本質論からの"水中活動倶楽部"への"追い風"です。

・約二十年前の愛知県西尾市での大河内清輝君の"いじめによる自殺"の実話から"不登校児のための水広場"を提言・展開し、全国で初めて"民間のスイミングクラブが学校の出席扱い"になった実際から、子ども達の水とのふれ合いの必要性・可能性を発信してきました。今日、いじめからの多くの諸問題が、表面化し、益々"追い風"になっています。

・"幼児への集団的な水泳・体操指導は逆効果"と、学会・ＮＨＫでも取りあげられました。私は、このことも四十年前から提言してきました。現に、私の著書を見た研究チームの代表者から、"私達の研究結果と一致して、大変心強く思っています！"と、ご一報をいただきました。

・文科省の発表する"児童・生徒の問題行動調査"では、暴力行為が

増えていることが発表されています。そして、その背景には、〝子ども達の
コミュニケーション能力〟を育む答えが、学校現場では見い出せていないと
指摘されました。私は、新しいスイミングクラブでの〝グループワーク〟に
よる〝コミュニケーション能力〟の育み合いを、大きなテーマとして提言し
てきました。

　・〝体罰〟が社会問題となり、学校現場やスポーツのコーチングに、
〝指導〟から〝育む〟への発想転換の提唱が始まりました。この〝指導〟
から〝育む〟への発想転換は、四十年前からの自論として、スイミングク
ラブ変革と結びつけ、提言してきたことの〝追い風〟でもあります。

　・子どもへのスポーツ観が、スポーツ界のハラスメント問題をも含み、
〝一方的な習い事観から、子ども自らの愉しみ・自立・活力からの人間形
成・生涯教育観〟への見直し・気づきが始まりました。

　・二〇一四年十二月に、中央教育審議会より、二〇二〇年度からの大
学入試改革に、今までの「知識の暗記・再生に偏りがち」から、「思考力」
「主体性」「協働性」などを統合評価する方向性が発表されました。まさに、
新しいスイミングクラブへの大学入試内容へのサポート観の追い風です。そ
の〝証〟として新しいスイミングクラブ創りへのキーワードを、拙書より紹
介しておきましょう。

幼児・保護者のための「水中活動倶楽部」の五つのメッセージ

　一、「みずは、おともだち」―水との原体験が活力を育む―

　二、「なんでもやってみよう」―興味・欲求から活動力を育む―

　三、「たのしくやろう」―愉しみながら自立・自力を育む―

　四、「おともだちとなかよし」―仲間と表現力・協調性を育む―

　五、「ママ・パパとせんせいはおともだち」―保護者・スタッフとの「共同子育て」―

「いのち（生命）の本源から育む子どもの活力」―「愉しい倶楽部ライフ」と「家庭・地域が活きる」を結ぶ共同子育てハンドブックー（佐野豪著・不昧堂出版刊より）

学童・保護者への五つのメッセージ

一、「スイマーへのチャレンジ！」―チャレンジ（泳法・泳力）能力を育む―
二、「友達づくりをしよう！」―コミュニケーション（協調性）能力を育む―
三、「考えながらやっていこう！」―クリエイティブ（創造力）能力を育む―
四、「みんなで語り合おう！」―プレゼンテーション（表現力）能力を育む―
五、「自分を成長させよう！」―ヒューマン（人間形成）性を育む―

「生かされ活きる新しいスイミングクラブ」―『クラブ』を変える！『子育ち・子育て』が変わる!!―（佐野豪編著・不昧堂出版刊より）

＊両メッセージ共、転載を禁ず

今や、日本の大きな社会問題である「子育て支援」から、「〝思考力〟〝主体性〟〝協働性〟を総合評価する大学の新入学試験」や「アクティブ・ラーニング」への転換と、私の「新しいスイミングクラブ創り」へのメッセージ提言が結びついてきたのです。

生かされ活きるフィットネスクラブへ

　―フィットネスクラブが、全国展開を始める前に唯一の学識経験者として、アドバイスを求められた。その時のアドバイス内容が、日本の緊急課題と結びついた―

その課題は、今日の日本の高齢化社会への緊急課題のテーマである中・高齢者の生きがい・活力を育みあう"新しい居場所創り"です。

その居場所創りは、"指導＆装置産業"視することではなく、生涯教育・学習の視点・テーマから、対象者が必要としている生活スタイルから学び、"生活提案型・創造事業"視することから始まるべきなのです。具体的には、新しい生活提案・ライフスタイル提案型の"居場所"創りをすることです。

私は、そうしたテーマで、四十年近く一貫して示唆役・提言役を務めてきました。まさに、"活力生活倶楽部観"への提言でした。三十数年前のフィットネスクラブ・フランチャイズ全国展開計画会議では、日本型倶楽部創りへの私の提案が聞き入れられなく、会社上場へのシナリオを最優先し、目先のアメリカの模倣に走ったのです。

私は、目先的なそうした模倣型展開を危惧し、将来の日本の姿を見た日本型の倶楽部創りへのアドバイスを始め、その実例・実際から、より具体的な提言をしていくようになりました。それが、業界紙（誌）体力健康新聞・クラブパートナーからの長年の提言・セミナーでの提言・拙書公刊からの提言と広がっていきました。なかには、『トレンド・ニーズの予測と成長事業・有望商品の展望』の論文執筆依頼（日本能率協会より）に業界を代表しての提言もしました。もちろん、全国各地のクラブ創りの直接アドバイスやファシリテートと共に歩んできました。しかし、ほとんどのこの業界関係者が、同じシステム・マニュアルで事業展開の模倣をくり返してきたのです。そこに、大手異業種からのこの業界への参入が、模倣に拍車をかけ、目先を追うコンサルタント会社が、その流れを助長してきたのです。

私は、そうした現実・現状を危惧して、一昨年新刊を公刊いたしました。それは、会員とスタッフが協働・共創して創り出していくための、倶楽部

創りへの共有テキストです。

これは、後でもふれることにしますが、世界的に有名になったコトラーの"マーケティング3.0（共創からの新しい価値創り）"から"4.0（自己実現）"に、まるで私の提言したことの後追い的"証明"をしていただいているかのように結びついていたのです。

ここで、2013年に新しい倶楽部創りへの会員との共有テキストとして公刊した「フィットネスクラブ革命」の表紙・裏表紙に提言したキーワードを紹介しておきましょう。

８つの"なぜ"の扉から

一、なぜクラブ創りの理念が希薄なのか

二、なぜフィットネスクラブの名称を使うのか

三、なぜ全国同じようなマニュアルなのか

四、なぜ会員が長く継続していかないのか

五、なぜ集客導線より現会員思考しないのか

六、なぜコンサルタントの一面的介入なのか

七、なぜ生きがい・健康観の学びがないのか

八、なぜ公共施設まで同じ発想・展開なのか

８つの観（感）から学ぶ

一、通える限りは"愉しみたい"継続観

二、新しい"生きがい・生き方"観

三、健康"トータルフィットネス"観

四、人間の活力"生かされ活きる"観

五、"協働（創）・参画型"の倶楽部観

六、スタッフの"働き方・働きがい"観

七、クラブの新たな"使命と誇り"観

八、会員・スタッフの"共有バイブル書"観

14

「フィットネスクラブ革命」―生きがい・健康・活力と倶楽部ライフを結ぶ―
（佐野豪編著・不昧堂出版刊より）

＊８つの"なぜ"の扉から・８つの観（感）から学ぶの転載を禁ず

　こうした必要とされている新しい倶楽部創りの話をセミナー等で語ると、必ず出てくる話があります。

　それは、"クラブ新生への歩み"は、スタッフの愉しい本質論からの学び・研修が、最も近道であることは、よく分かりました。しかし、固定観念がしっかり出来てしまっている我々には、何からどのようにやっていけばいいのか、さっぱり分からないのが本音です…！といった声ばかりです。

　そこで、日本全国で私しかやっていない、愉しい本質論から"クラブ・再創造"へのファシリテーション（協働・共創型）フィロソフィ（哲学）＆メソッド（方法）の公開・解明するバイブル書的書籍の必要性を感じたのです。その思いが本書の公刊になったのです。

> # 第1章　基調メッセージ
> ―必要とされる倶楽部創りの輪を全国に広げよう―
> 40年近い唯一の業界変革提言者　ファシリテーター　佐野　豪

今必要とされている"本質"が見えてくる

はじめに

ご紹介いただきました佐野豪です。本日は講師を兼ねたファシリテーター役を務めます。私のファシリテーターとしての後ろ姿からも共に創っていく"共創型"の倶楽部創りと結びつけて学んでいただければと思っています。

まず、特別ゲストとして、㈱ザ・ビッグスポーツの藤原達治郎社長（（社）日本フィットネス産業協会前会長）を紹介します。藤原社長とは、三十六年前に出会いがありました。会社を設立された時、私は運営委託をした最初のスイミングスクールの代表顧問をしていました。ちなみに、その時の顧問は金メダリストの兵藤秀子氏（旧姓・前畑）始め、前国立大学長・現大学学部長といったメンバーでした。

藤原社長は、組織的な拡大をされ、私は別な立場で必要とされる倶楽部創りを示唆・提言してきました。そんな時代背景のある出会いの藤原社長です。…

（藤原社長に、私との出会い、セミナーへの思いをコメントいただく）

本日の参画者であるクラブを紹介しましょう！

―ほとんどのクラブの方には、それぞれの出会いがあったので、そのエピソードを思い出しながら、セミナー参画クラブを紹介していく…。―

最後にご紹介するのは、皆さんご存知のフィットネス業界の経営情報誌の編集長・発行人をされている㈱クラブビジネスジャパン社長の古屋武範氏です。古屋編集長とは、SPJ（浜松市）に取材に来られた時、岩井副編集長と共に

お話しさせていただきました。今日は、セミナーの取材に来ていただきました。（古屋編集長には、この十年間同じやり方では通じなくなっている今日、ビバの小森社長より"業界の光"を見つけられた話を聞き、業界のために取材にやって来ましたと、コメントをいただきました。）

本題

いよいよ本題に入りますが、午後の（株）ビバ小森社長の講演とスタッフの方々のレポートにて、クラブ新生レポート型のメインとなる話をされると思います。私は、ファシリテーターとして導入役と繋ぎ役を務めていきたいと思っています。そうした意味で総論的導入役と、小森社長の体験からの提言との結び役を務めます。ビバグループは三クラブあり、小森社長は、毎月その三クラブでの私との合同ミーティングに、全て参画していただいてきました。

そんな立場から、皆さんの学ばれる要因をまとめて提言していただけるものと思っています。さらに三クラブのマネージャーとスタッフの方々に思いを語っていただくというレポート型・ファシリテーション型のセミナーとして、皆さんと語り合いながら、学んでいけたらと思っています。

プロフィールとライフワークの結びつき

まずは、私事で恐縮ですが、人生的なプロフィールから紹介させて下さい。そんな話はと言わずにぜひ聞いて下さい。なぜなら、この業界への示唆・提言は、全てが結びついていくプロフィールとライフワークにあるからです。自分の人生的なライフワークに一貫性があることを、知っていただきたい思いからお話しします。（目先的な販促のみを強調・広げてきたコンサルタントではないことを理解していただくためにも！）

それは、子ども時代にさかのぼります。青少年時代は、子ども会・教会活動・ＹＭＣＡ・ボーイスカウトと多分野にかかわり、ボランティア活動・青少年活動に熱中していました。

そうしたこともあり、高校一年の時には、日本の青少年代表として渡米する機会もいただきました。（五十年以上前のことですから、マッカーサー大使・皇太子・総理大臣官邸等の挨拶をして）又、大学時代は、ボーイスカウト隊長・朝日新聞社の厚生文化事業団のキャンプカウンセラー・スーパーバイザー等も務めさせていただきました。大学三年の時は、学校の先生方を対象に講義させていただいたことも憶えています。就職先は、三分野からぜひにと話がありました。ひとつは、青少年団体の日本本部の仕事、もうひとつは、某県教育委員会の野外教育の専門職の仕事、さらに、某会社の社長より、社員教育をしてほしいとの依頼でした。結果的には、野外教育施設のキャンプ長の職を選び、社会体育の仕事をしていくようになりました。しかし、今話題となっている教育委員会の体質が反面教師となり、二十代半ばで退職をし、大学の教員志向してはといった声を背に、自らのパイオニア的足跡が大切と、研究所を設立しました。まず、各省庁を始めとする行政機関・企業・団体…等への研修会の講師役を務めました。同時に、子どもの教室を開いたり、教育委員会や新聞社（文化・カルチャーセンター）のいろんな年間教室の講師やいろんな団体の役員も務めてきました。当時は、パイオニア的ユニークな提言者として、テレビや新聞等のコメンテーター依頼が殺到しました。

業界とのかかわりが始まる

スイミングクラブ変革の示唆役として

そうした社会スポーツ・生涯教育・学習への提言をしていた時、全国にスイミングクラブが誕生し始め、アドバイスを求められ始めました。先程、ザ・ビッグスポーツの藤原社長の紹介にもふれましたが、藤原社長が新しい会社を設立される前から、スイミングスクールの代表顧問等を始めていました。

　そうした歩みのなかで、日本のスイミングクラブの新しい展望的な示唆本として、「好きになる水泳入門」―スイミングクラブの手引き―（一九八一年・ベースボールマガジン社刊）を公刊いたしました。この本は、業界の可能性を提言している本として、全国的な反響がありました。そのひとつに、ピープル（現・コナミスポーツ＆ライフ）の顧問依頼がありました。

　又、大学関係では、客員・特任教授への依頼にも広がっていきました。後で分かった話ですが、先の唯一の業界の新たな可能性への示唆本（先の拙書）を見て、この業界入り（クラブの設立へ）をしたオーナー・クラブも多くあったようでした。

日本のフィットネスクラブ事業展開への歩み初めに唯一の学識経験者としてかかわる

　ピープルの顧問をしているなかで、唯一の学識経験者として、フィットネスクラブ事業展開プロジェクト（現・コナミスポーツ）へのアドバイザー役を始めました。そこでは、いろんな視点・テーマからアドバイスをしていくつもりでした。それらは、アメリカと日本の雇用契約の違いに始まり、健康保険制度・国民的気質や文化の違い・やがてやってくる日本型高齢化社会…といろんな視点・テーマからでした。私は、日本の将来を考えて、日本型のモデル的倶楽部創りをしていってほしいと願いました。又、その示唆役が、大手企業として全国展開していく使命であることも強調しました。しかし、プロジェクト展開は、会社上場へのシナリオが最優先されていきました。つ

まり、空間的施設提供型ビジネス（スペース＆指導産業）として、顧客（土地・スペース所有者への）の拡大方向に走って、全国的フランチャイズ事業として展開され始めたのです。そんな経緯のなか日本のフィットネスクラブの将来を危惧していました。当時の私としては、いずれ私の考えが必要とされる時が来ると、自分に言い聞かせていました。

日本型「活力生活倶楽部」のモデル事業開始にかかわる

一方、提言・提案を続けるなかで、いつのまにか日本全国のスイミングクラブ変革提言の第一人者となっていました。そうしたなか、あるスイミングクラブ関係者のセミナーで、浜北スイミングプラザを受託運営しているSPJの金原基晴社長と出会いました。本日も参画していただき、自らセミナー進行のDVD取りをしていただいています。金原社長には、一年程前から私のワークショップの場面を撮影していただいています。そして、何回もその編集にかかわり、私のレクチャー内容の深さに、改めて感銘していただいているようです。横にお座りの高橋統括支配人は、当時、愛知県で最も大きなフィットネスクラブを立ち上げ、先頭に立っておられた後、退職されました。そうした時、浜北スイミングプラザのリニューアルを兼ねたフィットネスクラブ立ち上げのプロジェクトに参画していただきました。そして、ピープルの"エグザス"導入・展開に聞き入れていただけなかったことを始め、日本のフィットネスクラブを模倣しない、新たなる日本型の倶楽部創りプロジェクトを開始しました。ハード的メインは、日本で始めてのエンドレ

ス・流水ウォーキング専用プールでした。（このプールは、全国から民間ク
ラブ・行政と多くの方が見学に来られました。）

　つまり、愉しさ・心地良さやおしゃべりをメインテーマにし、会員自らの
“自力”と流水による水の“他力”による、会員自らの“自立的な水中ウォー
キング”と“会員同志のおしゃべりからのコミュニケーション”をもうひと
つのテーマにしました。（余談ですが、流水マシーンメーカーの（株）エアロ
ビプールジャパンの社長・専務も私のコーディネートによるSPJ会場のセミ
ナーに参画していただいたことがありました。このマシーンを開発した社長・
目先的な別のクラス増設による販売・販促をしてきた専務は、私の提言と
その実際の使い方を学び・気づき・陳謝されました。これは、この業界的
な反省と学びにしていただきたい実際の話でもあります。）

本質論から学ぶことが、最も“新生”への“近道”！

　そうしたSPJの日本のフィットネスクラブを模倣しないでやってきたことが、
結果として、「入会者の75％が五年以上在籍されている倶楽部に」なって
いるのです。

　そんな実話・実際と結びつけて、この業界関係者に発信してきましたが、
なかなか聞き入れていただけなく、本物志向の全国的な展開にはなりません
でした。それは、“本質論から学ぶ”ということへの抵抗感でした。今まで
全てが、ハウ・ツーや目先的なテクニックの模倣をしてきただけに、この壁
は大きいようでしたし、今でも大きいのではないでしょうか！今回のセミナー
は、その壁を乗り越えていただくことを、最重要テーマにしています。ここ
で学ぶべきテーマの一部の例をあげておきましょう。

　スイミングクラブでは、保育園と幼稚園の違い・幼児期と学童期の発達
の違い・学校教育と社会教育・グループワーク・保護者への学び・今日的

な教育問題（いじめ・自殺問題始め・コミュニケーション能力…。）

　フィットネスクラブでは、現代社会（コミュニティ等）・大人の生活（アイデンティティー・自己実現等）・レジャー（語源から）・健康観・生涯学習・生きがい・意識と無意識・参加と参画・お客様と会員の違い・ステータスと販促…。さらにこれからの企業・職場・スタッフの生きがい・働きがい…と、多方面からの学び合いが続きます。

　私の直接アドバイスクラブでは、そうした本質的な学びから、倶楽部ライフをコーディネート・サポートしていただいています。例えば、倶楽部ライフでの会員のマナーは、会員とスタッフが学び合いながら創って頂きました。私から述べると、それは当然な流れなのです。こうした会員との学び合いに、会員とスタッフの"生きがい"が育まれて行くのです。又、その過程として会員さんが倶楽部ライフをステータスにもされていくのです。

　そうした結果として、日本で最も会員の退会率が低い倶楽部になっているのです。そこの一貫性について、この業界関係者がなかなか気づかないのです。こうした本質論からの方法論は、"泉"のように湧いてきます。ところが、業界関係者は、方法論のハウ・ツー・テクニックから入られようとするのです。つまり、模倣の連続なのです。

　余談ですが、ビバさんとのおつき合いは、この一年半です。まさに、一合目に入ったところなのです。

ハウツー的セミナーが"模倣ごっこ"にしてしまった

　いつもセミナーで言うのは、クラブ新生への壁と入り口に気づいていただきたいということです。このことをセミナー参画のなかで、気づき・メモしていただきたいのです。

　ところが、目先のハウ・ツー型のセミナー等に慣れてしまって、ハウツー

のみメモをされていくのです。これでは、クラブの新生は出来ず、この業界が益々 "模倣ごっこ" になってしまいます。その結果、全国どこのクラブも、同じようなコンセプト・展開から脱皮出来なく、業界の閉塞感は高まるばかりです。そうして、どんどん消費者意識・クレーマー意識を高めるクラブ事業になっているのです。

スイミングクラブの体験入会率九十パーセントの実例からの解説

　例えば、今月のビバさんの定例ミーティングでのワークショップの話をしましょう！それは、子どもの体験会についてです。SPJさんは、十八年前に夏の五百人集まる短期教室を止めて、入会を前提にしたチャレンジ倶楽部という体験会を始めました。ビバさんも同じく、私がアドバイスを始めて短期教室的発想から、入会者のための体験会と名称だけを考え、同じようなことをしました。結果的には、入会率は昨年の倍になりました。それでは、どこに変化があったのかを解説しますと、こうした展開を社員とパートスタッフによる共同プロジェクトにしただけでした。つまり、私との合同ミーティング数ヶ月にてスタッフ同士が一緒に考え話す場として、月例の合同ミーティングが出来るようになり、職場が愉しくなってきたからです。そしてパートスタッフも社員も一緒になって、たんなる作業としてではなく、"何のため" から考えるようになった変化からの数字的結果だったのです。付け加えさせていただくなら、この時は、"体験会の学習" として学んでいただく前の段階で、スタッフ同士が愉しく学び始めての結果です。つまり、スタッフ一人ひとりの前向きな生きがいと、職場の活力・雰囲気が結びついた結果なのです。こうしたプロセス的・コーディネーター・ファシリテーターの役目が私の立場です。

実はそうした展開の一年半が過ぎて、（幼児・保護者のための）水中活動倶楽部導入二ヶ月後の六月のミーティングに、体験会の本格的学習のタイミングとなりました。ビバグループのスタッフ以外の方は、少々分かりにくい話かもしれません。せっかくですから、少し解説しましょう。私の提言している体験会は、目先的入会促進ではなく、現会員の保護者の学びや感動の再確認をテーマにしています。ビバグループの皆さんも、私のこのテーマへの思いを解説した時、小森代表始め全スタッフが驚きを隠しきれない表情をされました。

分かりやすく述べるなら、現会員の保護者に、新しく体験会に来られる保護者への接し方や倶楽部がめざしていることを解説されていくことへのコーディネート・サポート感（観）をも学んでいただくことなのです。その結果として、私の直接アドバイスクラブでは、八十・九十パーセントの方が入会していただける体験会になっているのです。つまり、「現会員・保護者の方々に、自分達のクラブの愉しさ・すばらしさを再確認していただく場」を、体験会のテーマにしているということです。それが、世間で言う"口コミへの歩み"なのです。それは、保護者の方々がこの倶楽部で何を学ばせていただいたかを意識していただくことが、"口コミ"を育み合っていくということです。

倶楽部ライフ・商品の付加価値に"口コミ"が育まれていく

そうした倶楽部ライフの価値・商品の付加価値について、もう一歩具体的にお話ししましょう。

それは、保護者が新たに気づき・学ばれていくことへの価値です。

私の提言している幼児・保護者のための水中活動倶楽部が、まさにそれ

なのです。こうした倶楽部創りへは、十ヶ月程学んでいただき、その過程・結果として発表していきます。その説明の仕方は、私達スイミングクラブは、全国の他のクラブと同じように、幼児期と学童期の発達の違い・水中活動と水中運動（泳法）の違い…等も学ばずして展開してきました。この半年間の学びで、幼児期にとって水中活動は、人間形成・人生の"礎"に大変必要な環境創りであることに、学び、気づきました…！こんな正直な気持ちから、保護者への学び・気づきへの共有の場を創っていきます。そうした過程があり、そのうえに、子ども自らの目の輝き・変化があり、子ども・保護者・スタッフが新たな気づき・学びを共有・共感していくことになるのです。それらを総称して、幼児・保護者のための水中活動倶楽部のコンセプトを"共同子育て"と位置づけています。

　当然、他のＳＣのやってこなかったこと、私達（子ども・保護者・スタッフ共に）がこうした倶楽部創り・変革に出会ったことへの感謝と共に、"口コミ"を育み合っていくことになるのです。

　逆に述べるなら、こうした解説・想いを子ども・保護者・スタッフと共に語り合う"学び合い"から遠ざかっているのが、この業界と言ってもいいでしょう。大人のクラブも一緒ですよ！…

スイミングクラブとフィットネスクラブの新たな課題が共通していることに気づいていく

　私との定例合同ミーティングのワークショップにて、半年も学び続けているうちに、あることに気づいていくことになります。それは、スイミングクラブの子どもも、フィットネスクラブの大人も、同じコンセプトになることです。

　それは、会社やクラブのシステム・マニュアルから考えるのではなく、「対

象者」から考えることへの大きな気づきです。

　それは、子ども達の生活背景・大人達の生活背景から学ぶことの必要性なのです。そしてそうすれば、倶楽部の使命は明確になり、本来それぞれの立場で必要とされていること、従来型のクラブからの異なる視点に気づき、新たな必要とされている居場所創りへと結びついていくのです。

　私の直接アドバイスクラブでは、スタッフからこんな語り方をするようになってきます。

　それは、「佐野先生が言っておられることは、子どもも大人も一緒ですね！…全く共通したテーマですね…！」といった表現が出てくるのです。私の立場からすると、ようやくひとつの壁を越え、ひとつの節目を迎えた喜びに変わっていくのです。

セミナー参画者への質問の投げかけから

　ここで社長自らも参画され、「スタッフにしっかりと学ばさせて下さい！」と言っておられたので、安心してご質問します。ザ・ビッグスポーツの飯泉さんにご質問します。"フィットネスクラブって何でしょう！"―"フィットネスクラブ！…私の考えるのは「憩いの場」です！"―ビバグループでも同じ質問をしました。トレーニングをするところを始め、いろんなことを言っておりましたが、誰もそんな答え方をしてくれませんでした！"次の質問です！「健康」とはどんな状態のことでしょうか？同じくビッグスポーツの岩波さん！"…―"ぱっと思い浮かべたのは「楽しい」です。"―そして、"倶楽部とは？"と質問が続いていきました。…"さすが藤原社長が同席されているので、返ってくる答えが違いますね！ザ・ビッグスポーツのエリート支配人ですね！どれも正解ですよ！…"―

　最後に、「ファシリテーション」について質問しました。しかし、無言で

答えが返ってきませんでした。…（この流れは想像していました）

新しい倶楽部創りに必要な「ファシリテーション観」！

　分からない方が多くおられると思いますので「ファシリテーション」について説明しておきましょう！

　"新しい倶楽部創りへのテーマは、このファシリテート観が大切だと、私は思っています！だからこそ、このセミナーの展開で私自らファシリテーター役を務めて進めていくことを重視し、共創型・提案型のセミナーを知っていただきたいという思いがあるのです…！折角の機会だから解説しておきましょう！

　この言葉は、約二十年程前に、日本でも使われ始めました。その日本語的には、「協働・共創」していくという意味をもつのです。それが、新しい倶楽部創りに必要不可欠なテーマとしているのが、私の提言なのです。それは、新しい倶楽部創りには、会員さんのたんなる参加観から参画観への倶楽部ライフ・コーディネートへ発想転換が必要なのです。そのためには、スタッフ自らが、マニュアル的な作業としてではなく、スタッフ・会員とが協働的・共創的に一緒に考え、創造していく視点が必要になってくるということです。つまり、要約すると参加と参画の大きな違いです。

　こうした私の提言が、世界的に有名になったコトラーのマーケティング3.0（共創からの新しい価値創り）から4.0（自己実現）へ結びついたのです。

"参加"と"参画"の違いについて

　余談ですが、私は各省庁を始めとするいろんな行政機関の職員研修を長年やってきました。特に、地域行政では、地域住民参加型を乗り越えた"民主導・行政参画型まちづくり"をも提言してきました。当時、そうし

た全く新しい提言を聞き入れていただくためにも、研修会の冒頭に、"公務員"は英語で、パブリック・サーバントで"公の召し使い"にあたります。そして、公務員の方は、地域住民の"サービス・キーパーソン"であるという立場を解説してきました。研修会担当者が横で苦笑いするなか、今だに残っている日本型の"お上"観（感）を批判してきました。

　自らの足跡に、このことをスイミングクラブをベースに、実際そのものも展開してきました。この話は、拙書にも何度も紹介し、全国発信してきたことです。それは、私のコーディネートによる民間スイミングクラブの主導・主管で、行政・教育委員会参画型の「生涯学習シンポジウム」を二年に渡り、開催したことです。シンポジウムには、市長・教育長・市議・業界関係者・評論家等の方にパネラー参画をしていただきました。又、教育現場の校長・副校長やスイミングクラブ関係者が共に学び合う、研修会も開催してきました。もちろん、全て私のコーディネートによる開催でした。後で詳しくふれるかもしれません。

　"ファシリテーション"から話題が広がってきましたが、新しい倶楽部創りこそ、このファシリテーション観を、メインテーマにしていただきたいのです。

消費者意識的参加から会員的参画観（感）へ

　ここで大切な視点をまとめておきましょう。それは、消費者として参加感（観）から会員として学び合う参画感（観）へ新生されていくことによって、会員一人ひとりの"倶楽部ライフ参画"と、会員一人ひとりの"生きがい"の育み合いに結びついていくということです。その過程・結果として、会員同士の多面的な"人間関係"が育み合っていき（生かされ活き合っていき）、会員の定着が広がっていくのです。

　そうした意味を理解していただくためにも今回のセミナー参加者名簿も、

"セミナー参画者名簿"とさせていただきました。又、最初にもふれましたが、私自身が進行役を兼ねたファシリテーター役を務めることによって、"皆さんと共に創出していく"参画型セミナーを体験していただいているのです。そんな大切なテーマのもとに倶楽部ライフ展開時の"お客さんと会員の違い"を始め、多くの具体的展開策を学び、創造していっていただきたいのです。

ここではあえて深入りした解説をしませんが、目先的な"お客様"にしてしまうと、全てが、会員一人ひとりの"生きがい"にも結びついていかなく、"消費者意識"を高め、"クレイマー意識"を拡大するばかりなのです。そうしないと、会員・スタッフ共に、倶楽部本来のすばらしさや可能性が益々見えなくなってしまうのです。そして結果的に、会員の皆さんに大変失礼な展開をしていることになることになるのです。

つまり、倶楽部創りのメインテーマは、愉しい仲間の居場所・集いであると同時に、仲間（会員同士・会員とスタッフ）と共に、創っていくというコンセプトが必要なのです。（なかには、唯一孤独の場を愉しんでいるかのように見える人もおられるでしょうが…）

ここで、先の質問それぞれの解説要約を私なりに少ししておきましょう！

"フィットネス観" "健康観" について

私は、五十年前の大学生の頃、"フィットネス"の日本語への訳について考究したことがありました。その時、"適応する"という"フィット"の直訳から始まり、いろいろ考えました。そうした結果、"自然に適応する""自然に学ぶ""自然と共存する""自然に感謝する"…という自然への想い的な訳に到達したことを、今でも憶えています。

つまり、最終的に自然と環境と人々に生かされ活きていくことへの学び・

想いを感じたのです。それは、空気という自然と、それから始まる衣食住の結びつき、そして、人々とのふれ合いから、自分の生命力を高めていく…そしてそれらに対しての感謝…といった考え方でした。今の私は、それらを総称して「生かされ活きる」「トータルフィットネス」と、理念的・コンセプト的位置づけをしています。

　次に"健康観"について少し解説し、この「生かされ活きるからの人間の活力」との結びつきを語っておきたいと思います。

命の本源から育む"活力"観との結びつきについて

　とても、大切なテーマの話になってきましたが、"健康観"の歴史的変遷上、衝撃的言葉が表現されたことがあります。ここにご参画の一部の方はすでに学んでいただいていることでもあります。

　それは、WHO（世界保健機関）理事会で健康の定義について改正案をまとめた話題が世界に広がったことです。具体的には、従来のフィジカル（身体的）・メンタル（精神的）・ソーシャル（社会的）の三つの面に、新しい人間の尊厳を視野に入れたスピリチュアル（霊的・霊性）を加える案の話題です。そして、総会の議題内容になりました。一九九九年の総会では、緊急課題が増え、事務局預けとなりました。日本の政府関係者や大学の教員が、その訳に口を出せないでいるなかで、当時のこの業界紙の「体力健康新聞」主幹の故長掛芳介氏は、その訳を提言・発信をしました。それが、「本誌の結論は、いのち（生命）の本源からみて、"活力"だ！」（一九九九年十月一日発行の体力健康新聞の一面にて）と表現されました。長掛氏は、厚生省の施策に対して先見性のなかで、いろいろアドバイスをしてきた健康ジャーナリストでした。

　そして、長掛氏とも話し合い、二〇〇〇年に私が設立した研究所名

(1971年設立した日本レクリエーション研究所)を「日本活力生活研究所」と改名しました。日本でのスピリチュアルの訳は別にして、それぞれの立場（縦軸・横軸）で、「活力」の言葉・「活力生活倶楽部」創りの提案を始めました。当時、長掛氏と共に、紙面・拙著・セミナーから提言・発信を続けてきました。全く必然か偶然か、その後国や地方行政が、多方面の分野で"活力"

という表現を使われるようになった歴史的現実もあります。

"倶楽部"について

そして、次に"倶楽部"ですね。私は日本でのピープルの本格的"フィットネスクラブ""エグザス"導入のアドバイス時に、仲間の愉しい集まりを意味する"倶楽部"を使いたかったのです。そこには、倶楽部ライフがあり、メンバーシップがあり、参画観もあり、多面的人間関係を育む場として捉えていました。

今回、ザ・ビッグスポーツさんのホームページを見せていただきました。すると、"クラブライフを楽しんでいただく"という表現をされていました。この時、ようやくそうした言葉が使われるようになってきた、という喜びと共に、さすが、藤原社長のザ・ビッグスポーツさんだなあ！と思いました。

日本ではクラブという名称を使いながらクラブについて考えたことがほとんどないのではないでしょうか。ジム・センター・スクールとは異なり、仲間の集まりなのです。つまり、"仲間観"が大切となってくるのです。多くの業界関係者は、その仲間観（感）の育みへの学びではなく、入会キャンペーン始め入会導線やプログラムメニューへの気づかいが、主になっている

のではないでしょうか。この逆発想こそ、必要ではないでしょうか！

　もっと具体的考察すると、アメリカ型はどちらかと言うと、プログラムそのもののジム・センター指向が強いようです。しかし、ヨーロッパ型は、仲間に主がおかれて社交的な倶楽部感（観）が強いように思います。日本で使われている ○○ゴルフ… 倶楽部は、まさにそうですね！どこも漢字で表現されています。そして、そこではステータス・マナーを育み合っているのです。

セミナー参画者一人ひとりとの語り合いへ

　万壽さんは、ジョンソンヘルステックジャパンにてマシーンを販売しておられますが、以前、健康増進機器連絡協議会の研修会にて、地域行政には"まちづくりの視点に立った販促を考えて下さい！"…と語りました。当時皆さんは、"そんな販促は考えてもいませんでした！"…等の反応がありました。今日は、いかがですが？

万壽

わずか三十分たったところですが、メモすることばかりです！

佐野

私はSPJ（浜松市）で十九年やっています。いまだに毎月新鮮なミーティングをして、ミーティングの内容は進化し続けています。それは、私の答えなのですが、たえずスタッフから学ばさせていただいているということです。スタッフの方々へ、何かを教えるというミーティングではなく、スタッフ自身が自ら主体性ある自分を出していただくことへの配慮をしています。

　三十分のメモの一時から、十九年間を想像していただければ幸いです。

小島（長浜スイミングスクール）

先生の本を見せていただき、進級基準をもとに四十年間同じことを…の指摘に、今日ここにやって来ました。口では、地域密着と言いながら何の

施策もありません。

今ここに座って話を聞いていて、頭が真っ白になりました。

佐野

今日来られ、そのことに気づかれ良かったですね！子どもの環境・社会はどんどん変わって来ています。この業界は、そのことに気づかない、学ぼうとしないのです。大人も高齢化社会・介護問題…いろいろクローズアップされて来ています。…

先にも少しふれましたが、二十年程前、愛知県西尾市のスポーツクラブの顧問をしていた時、大河内清輝君がいじめ問題で自殺をしました。この時、教育長にお会いし、"不登校児のためのふれあい水広場"を提案し、実施しました。この水広場にて、活力を育み合う子ども達の事情を、「生涯学習シンポジウム」にて発表しました。このシンポジウムは、私のコーディネートで二回開催（市・教育委員会後援のもとに）し、市長・教育長・他市の市会議員等もパネラー参画していただきました。シンポジウムの席上で、西尾市の教育長は"この水広場を学校の出席扱いにしたい！"と宣言し、近隣の市の教育委員会に広がっていきました。もちろんその後も、教育長を始めとする学校の校長・副校長・スイミングクラブ関係者に集まっていただき、ワークショップを開きました。結果的には、学校教育関係者そして、全国のスイミングクラブ関係者に大きな"一石"を投げかけることになりました。たかが、民間のスイミングクラブですが、されどスイミングクラブで、おおきな可能性をもっているのです。

岡山スポーツ会館の大道寺さん、いかがですか？

大道寺（岡山スポーツ会館）

私達が、SPJにおじゃまさせていただいたのは十五年近く前になります。その時、プールにはターザンロープがありました。私ども岡山にてそれを取

り入れました。しかし、いつのまにか無くなっていました。なぜかといいますと、それを何のためにしようとしたのか、本質論を学ばずにやってしまっていることに気づいたのです。ぜひ、本質的なことを、学ばなくてはと思い、今日やって来ました。…

佐野

野村支配人のエイムさんは、二十年程前の私のセミナーにて、吉田会長始め管理職の方々と夜遅くまで語り合ったことを憶えていますよ！…

……

（以下参画者との対話省略）

「遊び」の言葉が、一人歩きしてしまった！

皆さんと一口ずつ語り合いさせていただきましたが、"本質的なことを学ばなくては！"の気づきをされて、嬉しく思います。

先に出ましたターザンロープの話に結びついている時代背景の話を少し紹介しておきましょう。

当時私は、日本スイミングクラブ協会主催の経営者セミナーで、二年間基調講演等の講師を務め、業界に新たな旋風を起こしました。そのなかのひとつを紹介します。当時、設立前からアドバイスした滋賀県の水口スポーツセンターを直接アドバイスしていましたので、私との共編著「水と遊び、水に学ぶ」（不昧堂出版刊）の新刊紹介と共に、クラブレポートをしていただきました。そんなことがきっかけとなり、全国に"遊び"というキーワードが広がりました。それは、"本質的に学び直す"に結びつかず、レッスンの後に五分・十分"遊ばせろ"という目的的な広がりになっていったのです。もちろん、スタッフの学び・保護者への解説もない訳ですから、先程のターザンロープの話と同じく、遊びの時間が無くなっていったのです。

私は業界への示唆・提言役をしてきて、目先的・言葉的な広がりを大変危惧しました。やはり、本質的なことを学んだうえで、子ども達への環境創り、保護者への解説をしていただく必要性を感じたのです。

「スイミングクラブ革命」―子ども・保護者・スタッフが生かされ活きる水中活動倶楽部 in スイミングクラブ―公刊へ

そんな本格的な学びから始めるべきで、目先的な広がり方をしないでほしいという思いで、この本を公刊することにしたのです。

この本は、各クラブでの「水中活動倶楽部」導入に向けてのテキストにしていただいています。約半年間程のワークショップになりますが、二ページの学び合いに三十分から一時間解説を続けることもあります。皆さんは、何回も何回も重ねて読み続けると、一回一回深まりある学びがあると言われます。なかには普段から持ち歩くようにしているというパートスタッフの方もおられます。その後、保護者との学び合いのために、公刊したのが次の本です。

いのち（生命）の本源から育む子どもの活力―「愉しい倶楽部ライフ」と「家庭・地域が活きる」を結ぶ共同子育てハンドブック―公刊へ！

これは、子ども・保護者・スタッフを結びつける「共同子育て」をテーマにした共有ハンドブックです。具体的には、分かりやすいイラストと共に、倶楽部ライフ・家庭での発展性・広げかたの解説をいたしました。まさに、幼児期だからこそ、大切なテーマを分かりやすく、子育ての"礎"的なことの解説です。こうした共有テキストを含めた環境創りにいろんな反響があります。"まるで保育園・幼稚園から解説されるべき内容が、スイミングクラ

ブから解説されているのですね！"…との保育園長をされている保護者の声もありました。学童になって、他のクラブではやっていない「水中活動倶楽部」のよさが一気に学童期の子どもの成長のためになっていることが、よく分かって来ました！"子どもが五年生になって、「水中活動倶楽部」の体験が今のいじめ問題との真逆の環境創りであったことと、結びついていることが分かって来ました！"…といろいろです。ビバの小森代表は、自ら全ての倶楽部創りの拙著を十回以上読んでいるなかで、"最低十回は読むように、それで始めて三分の一位が理解できていくんですよ！"といつもスタッフに言っています。

「幼児の運動指導逆効果」と学会発表！

　ここで、皆さんのお手元にある資料を見て下さい。資料の中に、新聞記事があります。「運動指導逆効果」（毎日新聞二〇〇八年二月二十四日付）です。それは、幼稚園で体操や水泳を定期的に教えている園と、時によってといった園、全く教えていない園での園児の運動能力を調べたものです。その結果、運動能力の平均値は、「自由保育」が最も高く、次に「自由と一斉保育」「全員で同じ活動に取り組む一斉保育」の順になったとの発表です。つまり、体操や水泳の一斉指導は逆効果との発表だったのです。

　私は、この記事を見て三十数年間提唱・提言してきたことに"追い風"を感じ、思わず研究グループの代表者にお手紙しました。すると、そんなに前から提言・実践してこられたことに研究者として心強く感じますといったご返事をいただきました。この学会での発表は、ＮＨＫの番組でも紹介されました。

さて、この話題は続くのです。この話を東京でのセミナーにて紹介し、新聞記事のコピーも配布いたしました。そして、私の直接アドバイスクラブでは、こうした情報は常に保護者の皆さんにも共有していることを解説しました。セミナー参加者のなかには、数クラブ上場会社のグループ会社の方もおられました。しかし、こんなことを私に語ってきたのです。それは、"保護者の方へは見せたくないですね！"…といった言葉でした。もちろん、その背景には、私達は深く学んでいないし、商品化しているので…！と聞こえてきそうだったのです。さて！皆さんはこの情報をどうされますか…！この学会発表の実話と共に、もうひとつ現場的な実話を紹介しましょう。

新聞記事（毎日新聞 2008 年 2 月 24 日）

消えた風の子　第一部　現状

「授業」意欲そぐ？

運動指導逆効果

　家庭や地域での外遊びが減っている今、保育園や幼稚園は体験を補う場となっているのか。

■幼稚園・保育園で

杉原隆・東京学芸大学教授（スポーツ心理学）らは 02 年全国 72 の幼稚園、37 の保育所を対象に運動の調査を実施した。

　それによると、うち幼稚園で体験で体操や水泳、散歩、縄跳び、跳び箱などの運動を▽「週 1 〜 6 回以上実施している」は 30 カ所▽「7 回以上」は 23 カ所▽「0 回」は 19 カ所だった。

　各園の 4 〜 6 歳児計約 1 万 2000 人についても、25 メートル走、立ち幅跳び、ボール投げなど 6 種目の合計得点で運動能力を調べた。その結果、

体操や水泳などの運動をしない19園の園児の平均値が最も高く、1〜6回の園、7回以上の園の順に下がった。

　幼稚園や保育所の保育形態は①子どもたちが活動を選択する「自由保育」②に全員で同じ活動に取り組む「一斉保育」③自由と一斉がほぼ半々―の三つに大別される。多くの園が体育の授業のような形式を取り入れているが、運動能力の平均値は①③②の順に高かった。

　指導するほど運動能力が身に付かないという皮肉な調査結果になったことについて、杉原教授は「好きでもない運動をやらされたり、うまくできなかったりすることで、体を動かす意欲が低下するのではないか」と分析。「一斉指導では順番待ちや説明時間が長く、実際に体を動かす時間は意外に短い」と話す。

　■自由遊び

　指導で運動能力を身につけるのではなく、自発的な遊びを通して心と体の土台を作ろうという試みもある。

　宇都宮市のさつき幼児園（野尻ヒデ園長、園児94人）は四半世紀にわたり毎日、室内で「じゃれつき遊び」に取り組んできた。午前8時45分。登園した子どもたちは、送ってきた父母や先生たちと、大きな布やマットレスを使いじゃれるように遊び始める。布にくるんで引きずってもらう子や取っ組み合う男の子。みんな目が輝いている。

　親は午前9時に退場。遊びは続くが30分もすると年長児が「お片づけだよ」と声を掛け、5分で部屋はきれいに。「しっかり興奮することで、抑制の働きも育つ」。そう話す井上高光理事長（56）、76歳の野尻園長も毎日参加する。「全力で向かってくる子どもを大人が本気で受け止めることで、愛情も伝わる」。親に月2回以上の参加を求めるのも、それを体感してもらうためだという。

■指導よりも

とはいえ、「跳び箱が跳べる」「逆上がりができる」など、具体的な結果を求める親は少なくない。幼稚園などで運動教室を35年前から展開しているジャクパ（本社・東京都小平市）。現在、委託を受けた約700園に講師を派遣している。「年々指導が難しくなってきている」と話すのは同社体育事業部長の山下敏一さん（50）。睡眠不足や朝ごはん抜き、仲間に入れない子が目立ち、あいさつや握手などでコミュニケーションをとることから始める必要があると打ち明ける。

杉原教授は言う。「親や教師が子どもの発達を理解できていないのではないか。乳幼児期は自発的な遊びの中でさまざまな動きを経験し、運動神経と体を動かす意欲を育てることが大事。保育者は、遊びに誘ったり友達関係を調整するなど、子どもが運動したくなる環境をつくり出す力が求められている」【望月麻紀、写真も】＝第一部は今回で終わります。3月2日から第二部「提言」を掲載します。

年長児が五百メートル泳げる

もうひとつ実話からの話を紹介しましょう。それは、水中活動倶楽部の年長児が数百・五百メートルを泳いでしまっているという話です。こんな話は、全国のほとんどのコーチの人達は、信じられないと言われるかもしれません。もちろん、泳げることや距離感的なことをテーマにしている訳ではなく、結果として子ども自らチャレンジしていることなのです。ミーティングにて、このような事例を聞くと、保護者との会話のなかで、そうした話題よりも子どもの内面的な変化を共有・共感し合っていくようにアドバイスをするようにしています。

子どもにとっては、プールの端から端まで行ってみたいと思います。そして、算数でいう足し算に入っていこうとします。学童の子は、足し算も掛け算もあり、距離へのチャレンジもいろいろなのです。大切なのは、全て子どもの気持ちからのチャレンジを一歩後ろからサポートすることなのです。…

どちらにしても、幼児期の子ども達の可能性からの活動をサポートしたスタッフは、さらに学童期の一気に飛躍している子ども達の姿に、自信をもって学童期の子ども達のふれ合い方を学んでいくことになります。

> ### 学童期のテーマの本は「新しいスイミングクラブ」公刊へ

そうした思いで、マイティスイミング倶楽部の大木鶴義代表より、次は学童のための共有テキストを書いてほしい、とたのまれ書いたのが、「生かされ活きる新しいスイミングクラブ」―「クラブ」を変える！「子育ち・子育て」が変わる!!―でした。

この本も幼児と同じく、子ども・保護者・スタッフへの五つのメッセージを中心に解説しました。読んでみましょう。！

五つのメッセージとは、

一、「スイマーへのチャレンジ！」―チャレンジ（泳法・泳力）能力を育む―

二、「友達づくりをしよう！」―コミュニケーション（協調性）能力を育む―

三、「考えながらやっていこう！」―クリエイティブ（創造力）能力を育む―

四、「みんなで語り合おう！」―プレゼンテーション（表現力）能力を育む―

五、「自分を成長させよう！」―ヒューマン（人間形成）性を育む―

となっています。つまり、グループワークをテーマにした倶楽部ライフ創りを提言したのです。

直接アドバイスクラブでは、この本をテキストにし、事例研究にチャレンジし、新たな使命と誇りで学んでいます。

私は二十年程前のセミナーにて「公共施設と民間クラブとの役割分担」を提言していました。マイティスイミング倶楽部米沢の隣のある公共施設では、民間クラブと同じ展開をして、しかも私の提唱している「水中活動」まで表現されました。そこで行政の担当部署の部長さんへ話をしに行きました。その部署の方は、私にあやまられました。"民間との役割分担さえまったく学ばずに指定管理者制度を導入してきました…"と。…いろんな実話の紹介も含めてこの本を書きました。

新刊「フィットネスクラブ革命」を会員との共有テキストに

この本も紹介しておきます。この「フィットネスクラブ革命」―生きがい・健康・活力と倶楽部ライフを結ぶ―」は、ビバの小森代表に、会員とスタッフの共有テキストを書いてほしいとたのまれ書いた本です。本書は、この業界の現状についてありのまま述べさせていただく章から入りました。表紙にも「八つの"なぜ"の扉から」と表現しております。せっかくですから読んでみましょう！

一、なぜクラブ創りの理念が希薄なのか
二、なぜフィットネスクラブの名称を使うのか
三、なぜ全国同じようなマニュアルなのか
四、なぜ会員が長く継続していかないのか
五、なぜ集客導線より現会員思考しないのか
六、なぜコンサルタントの一面的介入なのか
七、なぜ生きがい・健康観の学びがないのか
八、なぜ公共施設まで同じ発想・展開なのか…

ビバ各クラブで「フィットネスクラブ革命」の本に、百パーセントに近い"称賛"をいただく

　この会員さんとの共有テキストを公刊した時、会員・スタッフと私との座談会を開きました。四月より「活力生活倶楽部」に新生されていくことへの勉強会を兼ねて、三クラブ共に開催しました。どの会場の会員さんも、この本の内容に、「待っていました！」「ビバが変わるんですね！」「この本の内容そのものがやりたかったので！」…と称賛の言葉はいろいろでした。そんな会場の盛り上がりを目の前にし、小森代表は私にこう述べられました。"本来、ここ（座談会）に集まっている方々は、立場が全く違うんですね！" "会員さんはお金を払ってこの場にいて学んでおられるのですよね！一方、スタッフはお給料をいただいて、会員さんの感動しておられる後ろ姿に学んでいるのですよ！…何か逆のような変な場ですね！" と冗談を言っていました。これは、現実なのです。

　三十数年間、思いにもっていた倶楽部創りに、目の前のほとんどの方が称賛していただく場にいて、三十数年の私の思い・足跡が、"快感"にも変わっていきました。そして、同時に私の歩んできたライフワーク・提言の実証の場にもなったのです。

"生かされ活きる倶楽部創り"を願った結び

　もちろん、SPJさんでは、こうした座談会を十七年前に何回かやりました

し、そうした座談会から誕生した会員とスタッフによる倶楽部運営委員会である"活性委員会"はいまでも続いています。会員参画型のイベント・クラブ in 倶楽部…いろんな会員同士の"生かされ活きる倶楽部ライフ創り"をコーディネート・サポートし続けています。

　そんな生かされ活きる過程や結果として、会員が愉しく定着される倶楽部になっていくのです。そのためにぜひ、本質への学びの扉を開いていただき思いを伝え、それが最も近道であるとご提案し"結び"とさせていただきます。ありがとうございました。

　―その後、休憩時間を利用してマイティスイミング倶楽部製作の「水中活動倶楽部」の解説ＤＶＤを見ながらの解説の一時を過ごしました。―

　―次にビバグループ小森代表のレポートに移りました。そしてビバグループ・スタッフのそれぞれの発表の後は、参画者に自由に語っていただきました。やはり、一年間ワークショップで学んできた結果としてのクラブ新生への思いが、セミナー参画クラブの皆さんにとっては、感動的喜びとして、強烈的に伝わった感想となりました。―

二人の特別ゲストの結びコメント

　― 二人のゲストは結びとしてこのように語っていました。㈱ザ・ビッグスポーツの藤原社長は、"もうすぐに佐野先生に、特別顧問になっていただき、スタッフの教育をしていただきたい思いです！"と語られました。㈱クラブビジネスジャパンの古屋社長は"今日のセミナーは、三つのキーポイントがあったと思います。それは、"情熱・理念・共創"だと思います！と、まとめていただきました。―

第2章　講演
業界の新たな学びと気づきを願って
―スタッフの学び合いからが、最短のクラブ新生の歩み―

ビバグループ代表　小森敏史

オーナーの気づき・決断から全てが始まる

はじめに

ビバ代表の小森です。よろしくお願いいたします。まず簡単に自己紹介をしたいと思います。「こもりさとし」と申します。経歴ですが1978年4月生まれの36歳、京都生まれ京都育ちです。大学を卒業して大阪のシステム開発会社に入り、そこで2年半程人事部門で働いていました。その会社にしばらくいるつもりだったのですが、私の父がビバを含めたいくつかの会社を経営していまして、そろそろ会社を継ぐかどうか決めるようにという話をもらい、2004年5月に26歳でビバの代表に就任しました。

それから自分なりに試行錯誤しまして、試行錯誤というかもがき苦しみまして、その中で経営者として勉強する必要性を痛感し、2つの選択肢を考えました。一つはビジネススクールでMBAを収得する、もう一つは京セラの創業者でJALを再建された稲盛和夫さんが塾長を務められる盛和塾に入塾する、どちらにするか悩みました。頭を良くして理論武装するのも良いのですが、私は割と頭でっかちのところがありますので、心を高めることが自分には大事なのではないかと思いまして、ビジネススクールも色々調べたのですが、2011年11月、盛和塾に入塾しました．それから1年後の2012年11月に、佐野先生と一緒にビバスポーツアカデミーを新しく生まれ変わらせる取り組みを開始した、というところです。次に家庭ですが、妻がおりまして、あと長男が10か月になるのですが、お風呂に入れるのが私の役割になっていまして、お風呂の中で水中活動をしています。まさにこの取組みが始まったタイミングで子どもが生まれまして、子どもにも色々教えてもらっていまして、非常にありがたいなと思っています。趣味は仕事と読書、旅行、フィギュアスケートです。簡単ではありますが自己紹介を終わります。

私たちが運営しているビバスポーツアカデミーは3倶楽部あります。ビバ

スポーツアカデミー瀬田は、大人と子どもが対象の創業30年程の倶楽部です。ビバスポーツアカデミー南草津は、瀬田の隣の南草津駅前にある大人だけの倶楽部です。ビバスポーツアカデミー枚方は、大人と子ども両方を対象にした倶楽部となっています。

佐野先生と出会うまでの7年間

　さて、佐野先生と出会うまでの最初の7年間ですが、私は業界経験ゼロの状態で、フィットネスクラブにも行ったことが全くないという状況で代表になりました。いい意味で全く白紙の状態で代表になることができ、固定概念も全くない状態でした。就任後、フィットネスクラブのことを勉強しないといけないと思い、近所にある大手フィットネスクラブに入会しました。ところが三日坊主になって、会費だけ払う状態になってしまいました。最初にオリエンテーションがあり、マシンやハウスルールの説明が30分程あり、あとわからない事があれば聞いて下さいね、と言ってスタッフは去って行かれました。教えてもらったマシンを自分なりに使って運動して帰る、という事を3回か4回程繰り返していると、こういう会社の社長をやっているのにもう行きたくなくなってきました．なぜかというと物凄い孤独感があったのです。人間は誰もいないところに1人でポツンといても孤独感は感じないですが、たくさん人がいるところにポツンといて誰からも話しかけてもらえない、という時に孤独感を感じるんですね。私は体験したことはないですが、転校生に例えるなら、転校した学校で30〜40人の同級生がいるのに誰もしゃべってくれない…。そんな感じがしました。スタッフは何かあったら話しかけて下さいねとは言ってくださるのですが、なかなか話しかける勇気もなく、孤独感というか自分の居場所がないことにすごく苦痛を感じました。これが、私のフィットネスクラブの原体験です。フィットネスクラブの社長をしてい

47

るのに退会するわけにはいかないと思い、会費は払い続けました。毎月毎月
「今月はいくぞ」と思うのですが足が向かないということを1年半ほど続け
て、多大な売り上げ貢献をして最終的には退会することになりました。

その一方で業界のセミナーに色々出て、いかにしたらフィットネスクラブ
の経営がうまくいくのかを勉強しました。業界のほとんどのコンサルタント
の方のセミナーに行きましたし、業界だけでなくマーケティングやマネジメ
ントの勉強をしてクラブの経営改善に役立てようと思いました。そうすると一
時的には入会が増えたり、付帯収入が増えたり、経費が削減できたりと、
業績はあがりました。しかし、勉強したことを実行し続けると、スタッフと
の関係がだんだん悪くなる、スタッフが疲弊していく、あるいは雰囲気が殺
伐としていくことを感じました。自分なりに経営を一生懸命やればやるほど、
数字は一時的には上がるのですが、このままでは空中分解するのではなかろ
うかという感じすらしました。最初は全く白紙の状態で業界に入ったのです
が、気が付くと業界知識で頭が一杯になってしまっていて、悪い意味で立
派な業界人になってしまっていました。そんなとき、佐野先生との出会いが
ありました。

佐野先生との出会い

私が参加した佐野先生のセミナーは2011年、今から3年程前に品川で
行われたセミナーで、参加者は色々なところから集まってこられていました。
佐野先生がおっしゃっている事というのはこれまで参加したコンサルタント
のセミナーとは何か違うなと思いました。正直よくわからなかったのです。
なんとなくわかるような気もするのですが、ピンと来ない部分もあり、自分
の視野の外側の話をされているなというイメージを持ちました。佐野先生の
話は業界の方がおっしゃっている事でもないですし、他の業界の方がおっしゃっ

ている事でもない、経営学者がおっしゃっている事でもなく、誰もおっしゃっていないことをおっしゃっている。ひょっとしたら佐野先生に徹底的に学べば自分はこの仕事をもっと理解できるのではないかと思いました。この仕事の「師匠」と直感的に思ったのです。ところが一歩前進とまではいきませんでした。皆さんも今同じような心境かなと当時の事を思い出しますが、「おっしゃることは大事そうな気はするけれども、その考え方で本当に会員数は増えるのか？業績はあがるのか？」と疑問に思われるのではないかと思います。当時の私は色々な理屈を考えても、本質論を学ぶことで業績が上がるというロジックが見えませんでした。ということで、非常に素晴らしい話を聞かせてくださりありがとうございました、で終わってしまったのです。

　その数か月後に、まったく別の流れから稲盛さんの盛和塾に入塾しました。稲盛さんは「経営者の心のあり方が大事」だとおっしゃっています。「人生・仕事の結果＝考え方×熱意×能力」という方程式があるのですが、「考え方」「心のあり方」を経営者が一生懸命磨いていくことが会社の発展につながっていく、という事が盛和塾で勉強しているうちになんとなくわかってきました。1つ例を挙げましょう。「会社の目的」とは何なのかという事ですが、最初は会社の目的とは利益を追求することだと思っていました。社長になってすぐに、初めて稟議書を決裁する場面がありましたが、「これは会社の利益を伸ばすことにプラスになるのかマイナスになるのか」要は「損か得か」で判断をしました。その判断でずっと経営をしてきたのですが、それが間違いでした。「善か悪か」で判断しなければなりませんでした。「善」というのは全従業員が幸せになることか、あるいは社会にとって良いことなのかどうかであって、自分が儲かるかどうかではない、という判断基準の違いを学びました。不思議なことにビバの従業員と稲盛さんの考え方を勉強すればするほど、会社の空気が変わっていきました。みんなが経営に参画してくれるよ

うになってきたのです。

　そんな頃、佐野先生からお手紙を頂きました。「最近どうですか？進展はありましたか？」という手紙でした。進展と言えるほどの進展はなく、佐野先生と京都駅でお会いしました。その時、佐野先生がおっしゃっている事は稲盛さんがおっしゃっている事と同じであると気づきました。物事の本質というのは、どんな分野でも一緒なのかもしれません。会社経営でも、倶楽部創りでも、もっと言うとスポーツの世界でも、芸術の世界でも、一緒なのかもしれません。色々な面から掘り下げていくと、結局同じ真理に辿り着くのではないかと思います。稲盛さんから教えてもらった本質論で私の心が変わり、みんなの心が変わったように、佐野先生がおっしゃる本質論を学んでいけば、確証はありませんが変われるのではないかと思いました。確証はありませんが、ここは思い切ってジャンプするべきではないかと思いました。映画「インディジョーンズ最後の聖戦」に出てくる「3つの試練」の中で、「崖の上にある見えない橋を渡りなさい」というのがあります。見えないですが、信じて一歩踏み出したらそこに橋がある。まさにそういう感じでした。見えないけれどそこに橋があるのではないかと思い、勇気を出して踏み出してみることにしました。

　その後、佐野先生が18年間顧問先として指導されているSPJさんにお邪魔しました。施設は立派でしたが、申し訳ないですがびっくりするほど立派ではありませんでした。見たことがないスタジオプログラムがあるわけでもないですし、料金が特別安いわけもなく、他のクラブと何が違うのかなと思いました。そこで一番感じたことは居心地の良い雰囲気でした。目に見えないので雰囲気って何？と思われるでしょうが、会員さんの雰囲気が、家のリビングでくつろいでいるような、ゆったりとした感じでした。皆友達、皆家族のようにリラックスしてお話しされていました。子どもたちは弾けっぷりが凄

く、感動して涙が出そうになりました．生命力が爆発していました。これは目で見る見学ではわからないもので、感じないとわからないと思います。皆さんのクラブも、クラブ毎の雰囲気というものがあると思います。同じクラブでも行った時によって空気が変わっているということは、よくあることだと思います。SPJ はその雰囲気・空気が盛和塾に行った時の感覚とよく似ていました。とても思いやりのある、暖かい雰囲気だったのです。もっと踏み込んで言うと、心が浄化されるような雰囲気でした。よくわからないなりに、SPJ のような倶楽部になればもしかするとビバも良くなるのではないかと思いました。SPJ さんの数字的な結果として入会者の 5 年継続率 75％という話がありますが、正直言って 5 年間の継続率なんてとったこともありませんし、そもそも 1 年ほどのスパンでしか継続率を考えたこともありませんでした。1 年間の継続率 75％でも凄いのに、5 年間の継続率 75％なんて信じられないという思いもありましたが、実際のデータなので信じようと思い、自分が感じている雰囲気のようになればビバの継続率もこの数字になるのかもしれないと思いました。

愉しい合同ミーティングで本質論を学ぶ

　2012 年 11 月から佐野先生に入って頂いて、月に 1 度の合同ミーティングを実施しました。スタッフが口を揃えて言うのは、思っていたミーティングとは違う、愉しかった、という言葉です。これまでビバでは、上司の指示をあまりよく理解していなくても「はい！」と聞いて部下に指示する体育会系的な文化が残っていました。一方通行が多く、双方向でやり取りすることがあまりない状態でした。佐野先生の合同ミーティングでは、誰が上とか下ではなく、みんな同じ立場です。佐野先生もスタッフから学ぶとおっしゃっておられます。それが凄く新鮮ということでした。ハーバード大学のマイケ

ル・サンデル教授の授業が有名になり、「ハーバード白熱教室」という番組が最近テレビで放送されていますが、まさにあれと一緒です。日本の大学の授業は一方的にしゃべって、黒板に書いて、教科書を開いて、学生は見ているだけという授業が多いですが、マイケル・サンデル教授の授業も合同ミーティングもそうではなく、皆が発言する双方向の学び合いの場なのです。

　合同ミーティングを通じて、スタッフ全員で本質論を学んでいったわけなのですが、4冊の本を順番に学んでいきました。子どもの方はまず「スイミングクラブ革命」を学んで、まさに今勉強しているのは「子どもの活力」です。大人の方はまずSPJさんについて書かれている「スポーツクラブから活力生活倶楽部」。そして、大人の会員さんとの共有テキストが無かったので、佐野先生にお願いして書いて頂いた「フィットネスクラブ革命」です。それらの本を勉強していったわけなのですが、勉強したことの例を挙げると、「幼児期と学童期の違い」「運動と活動の違い」「お客様と会員さんの違い」などです。大人のクラブでは「お客様と会員さんの違い」がかなり重要です。私もこれまで「お客様」と呼んでいたのですが、「お客様」と「会員さん」は真逆なんですね。その他にも、「参加」と「参画」の違い、「フィットネスクラブ」の意味、「レジャー」の意味などを勉強してきたわけです。違いを勉強するということは非常に大事なことなのです．人間の言葉というのは人間の考え方が表れています。言葉を間違えると考え方も間違ってしまいます。例えば「お客様」と「会員さん」の違いを勉強することで何が起こるかというと、よくいわれるパラダイムシフトが起こるんですね。「お客様」感を持って会員さんと接するとどうなるか、「会員さん」だと思って会員さんと接するとどうなるか。これが、実は違うのです。我々はまだたいしたことは行っていませんが、勉強しただけで会員さんから「最近何かスタッフが変わってきた」「スタッフの言葉が変わった」と言われます。それは「考え方」

が変わったからなんですね。「お客様」と思うとちょっとよそよそしく、「会員さん」と思うと仲間として接するのです。フィットネスクラブのスタッフ全員が「お客様と会員さんの違い」を勉強すると、小さな変化が無数に起こります。それが会員さんに伝わる。結果会員さんが退会しにくくなるという事が起こってきたわけです。これは我々が学んできたことのごく一部のことで、私たちは毎月3時間の合同ミーティングを15回ぐらい行ってきました。これまで45時間ぐらい、そういった本質論を学んできたわけです。

会員さんとともに、最短のクラブ新生へ

私たちは、自分たちが全く分かっていなかったところから色々勉強しているということを、会員さんや保護者の方に、どんどん正直にガラス張りに共有していっています。社内のミーティングに保護者に参加してもらってもよいとも佐野先生はおっしゃっています。その意味が最初は分かりませんでしたが、実はそこに心の垣根があるんですね。無意識に会員さんを遠ざけているのです。例えば、会員さんに利益や売上の話をするとなると後ろめたい気持ちになりますが、今勉強していることは会員さん目線の事ばかりなので、会員さんにミーティングに入ってもらっても、何の違和感もない話ばかりです。ある倶楽部では場所にさほどゆとりがないのでプール前の、ギャラリーでミーティングを行っています。すると、見学者の方がギャラリーに入ってこられて、ミーティングに聞き耳をたてておられたり、真剣に聞いておられたりするんですね。あとで佐野先生がお声掛けをしてくださったりします。ということで、本当にガラス張りで共有していっています。

クラブが新しく生まれ変わる節目で、佐野先生のファシリテーションのもと、会員さんと座談会をさせて頂きました。座談会で一番思ったことは、会員さんの方がスタッフよりも、共有テキストの内容を分かっておられると

いう事です。例えば「フィットネスクラブ革命」に書いてあることは、会員さんの生活の事なので、当たり前といえば当たり前の事なのですが。ところがスタッフが一生懸命勉強してもなかなかわからない。なぜかというと、スタッフは仕事の事で頭が一杯になっているからです。なので、純粋に会員さん目線で書いてあることが理解できない。「フィットネスクラブ革命」や「スイミングクラブ革命」の事を、社外の人に話すことがあります。すると200％共感してくれるんですね。ところが業界の方と話をしても、ピンとこない顔をされてしまうのが現実です。当たり前なのですが、会員さんの気持ちは、会員さんが一番よく分かっておられます。子どもの気持ちは、子どもが一番分かっています。次にわかっているのが現場の最前線のパート・アルバイトさん、次にわかっているのが社員、次にわかっているのがマネージャー。一番わかっていないのが実は経営者であるとわかりました。座談会の光景に、私は不思議な思いをしたのですが、会員さんの方がわかっている、スタッフはピンときていない状態です。考えてみると、会員さんは会費を払って座っている、スタッフは給料をもらって座っている。不思議だなと思いました。会費を払っている人の方が先生なのですね。給料をもらっている人がスタッフ。途中から誰が会員さんで誰がスタッフかわからなくなってきました。

　会員さんとの座談会の中で、会員さんのやりたいことがワーッと噴出したんですね。こんなイベントがしたい。こんなサークルを創りたい。あんなところに旅行に行ってみたい。いっぱいでてきました。そこで気づいた事は、いかに我々が会員さんの思いに蓋をしていたのか。蓋をはずした瞬間に思いがいっぱいでてくる。これはスタッフもそうなんですね。スタッフも色んな思いを持っているんですね。でもそれにマネジメントが蓋をしているんですね。その蓋をしている張本人が私だったわけなのですが…。

　2014年4月から、幼児の水中活動倶楽部が始まりました。これも一緒で

すね。子どもの変化にびっくりする日々です。結果として5歳の子が500m泳ぐという事もありますが、そのようなことが日常的に色々起こっていくわけです。これも子どもの可能性に蓋をしてしまっていた、国定概念やマニュアルで蓋をしてしまっていたわけです。その蓋を外した瞬間に子どもの生命力が湧き上がってきたわけです。結果的に経営の数字にも表れました。とはいっても我々は一合目を登り始めたばかりです。これから生かされ活きる倶楽部づくりを更に前進させていこうというところです。

ビジネス視点から、会員さん視点へ

さて、佐野先生から学んだことを私なりにまとめたいと思います。代表になった当初はそうではなかったのですが、私はいつの間にかビジネスの視点でフィットネスクラブ、あるいはスイミングクラブを眺めてしまっていました。業界知職を勉強すればするほどビジネスの視点で眺めてしまうようになっていました。ビジネスの視点で作られたのが「フィットネスジム」。「フィットネス…クラブ」ではありません。「お客様」と呼んでいるクラブは、「クラブ」ではなく「○○ジム」だと思っています。あるいは「スイミングスクール」。スクールは指導する教室です。ビジネスの視点で効率を追求した結果生まれたのが、日本の今の「フィットネスジム」「スイミングスクール」だと思っています。

佐野先生はその逆で、会員の視点なのです。赤ちゃんもおじいちゃんも同じ人間です。私は36歳になりましたけども、昔子どもの頃に思っていた36歳はもっと大人だと思っていました。人間は年をとっても意外に変わらないと最近思います。ひょっとしたら60歳、70歳、80歳になっても本質的なことは何も変わらないのかなと思います。周りの見方は変わっていきますけど。要するに人間の本性というのは「三つ子の魂百まで」と言われるように、

3 歳児も 100 歳の方も一緒なのでしょう。何が一緒かというのは勉強して
いかないといけないわけなのですが。

　結果生まれてきたのが、大人の「活力生活倶楽部」、幼児の「水中活動
倶楽部」、学童の「スイミング倶楽部」です。従来の「フィットネスジム」
「スイミングスクール」とは真逆なんです。従来のフィットネスジムは、"1
年"で入会者の半数が退会される。スイミングスクールは、幼児期の運動
指導が子どもの成長に逆効果になってしまう。活力生活倶楽部・水中活動
倶楽部はその真逆です。我々はまだまだ全然ですが、SPJ さんはまさに通え
る限り続けられる倶楽部です。水中活動倶楽部は子どもたちが本当に愉し
そうに活き活きしている。何よりスタッフも愉しい。スタッフも愉しんで仕
事をしている。そして、実はビジネスとしても効率的です。会員さんの視点
に徹するというのは一見遠回りに見えてしまいますが、100 人入会されたら
5 年後に 75 人続けられるわけです。100 人入会されて 1 年後に 50 人しか
続けていなくてまた入会促進をする。どちらが効率的なのか。子どもの方も
体験会をさせて頂いてこれまでは 100 人来られて 25 人、30 人しか入会がな
かった。ところがそれが 40〜50 人になりました。私たちはいまだに実証出
来ていないのですが、活力健康倶楽部ネットワークのマイティスイミング倶
楽部さんは 100 人中 90 人近くが入会されます。それも実証してみたいと思
います。そんなびっくりする、ありえないような結果に、結果的につながっ
ていきます。会員の視点から倶楽部を創ると、結果的にビジネスとしての合
理性にブーメランのように戻ってくるんですね。このロジックが実は私はわ
かりませんでした。このブーメランのようなことが、佐野先生のおっしゃっ
ていることなんですね。

　私はマーケティングを多少勉強したのですが、マーケティングの世界にフィ
リップ・コトラーという方がいらっしゃいます。実は私の弟が今アメリカに

留学していまして、コトラーのいるノースウェスタン大学でマーケティングを勉強しています。帰国したら聞いてみたいと思うのですが、コトラーも最初はターゲットを設定してそこに売り込んでいくというところから入っていると思うんですね。ところが今はマーケティング3.0だと言われています。それは顧客との共創だと言っています。共に創る、ということをおっしゃっているんですね。私の尊敬する思想家に田坂広志さんという方がいらっしゃるんですが、その方はマーケティングという言葉を死語にすべきだとおっしゃっています。マーケティングというのはあくまでも提供者目線、ビジネス目線なのですね。いかに売り上げをつくるか、いかに顧客を獲得するかというところから発想している言葉がマーケティングだとおっしゃっています。マーケティングを切り開いてきたそのコトラーが最近これまでのマーケティングはもうダメだ、もう古い、共創の時代だとおっしゃっています。実は佐野先生は30〜40年前からそれをずっとおっしゃっていたんです。なんてこった、と私は思いました。会員さんと一緒に倶楽部を創る、保護者と一緒に共同子育てをする。その視点にようやくアメリカの最先端のマーケティングが気づいた。佐野先生は、それをずっと前からやってきている。これは凄いなと思ったと同時に、実は日本人というのは昔から本当はそういう考え方をしてきたはずだったんですね。それがいつのまにかアメリカ型の理論になり、周回遅れで日本に来たわけですけど、アメリカはもう古いと気づいているわけですが、日本はまだそこまで到達していないんですね。実はビジネスとしても効率的。もっというとビジネスとして最先端のことを佐野先生はずっと前からやってきている。ようやく時代が追いついてきたということだと思います。

日本全国への広がりを願って

　全国に広がりを願ってという事なのですが、まずは今日セミナーに参画さ

れた皆さん、そして皆さんの背中にいらっしゃるたくさんの社員、パート・アルバイトの方々が愉しく仕事をすること。「たのしい」というのは楽をする楽しいではありません。あえて佐野先生はりっしんべんの「愉しい」を使っておられます。レジャーの語源は「学ぶ」です。学ぶというのは主体性が必要です。楽ではありません。色々と本から学ぶのも凄く頭に汗をかかなければなりません。頭になかなか入ってきません。この本も1回読んだだけではわからない。2回読んでもわからない。10回ぐらい読んでようやく1／3ぐらいわかってきたかなという感じです。この本を読むときの読み方は．一言一句そこに込められた背景を想像しながら読む。ですので1ページ読むのに凄く時間がかかるんです。そういう読み方ができないと、わかったとは言えないと思います。実は稲盛さんも同じことをおっしゃっていて、稲盛さんは経営哲学をフィロソフィというものにまとめておられますが、フィロソフィを読むときは一言一言感動して読みなさいとおっしゃっています。そういう読み方をする中で、素晴らしい使命感と誇りにスタッフが気づいていきます。それが仕事への使命感と誇り・生きがいになるわけです。それが会員さんに波及していくわけです。それが地域に波及していくわけです。ここまでは私たち3倶楽部がやればいい話です。ですが、日本全国に広げるためにはそれだけでは駄目だな、ということでセミナーをさせて頂いています。最後に、私から3つの想いをお伝えしたいと思います。

　これからの日本、すでに色々な問題が露呈してきていますけれども、1つ目は超高齢化の問題。世界一のスピードで高齢化が進展している。国の医療費はもうこれ以上増やせない、削らないといけない。介護もマーケットとして大きくなってきているけれども介護以前の産業も必要だと言われています。ですが、日本のフィットネスクラブは入会しても1年後に半分しか継続できない。そんな産業ではこれからの高齢化社会を支える事なんてできない。

逆に言えば、日本に3,500もあるフィットネスクラブには、物凄い可能性があると私は思っています。今日のセミナーの話は、私が心の中で秘めていれば、あるいは社員の皆が心の中で秘めていればいい話なのですが、あえてガラス張りにオープンにしようということで、お話ししているつもりです。1つの意図は、高齢化社会にしっかりと貢献していける産業に生まれ変わらないといけない。これが私の1つ目の想いです。

　2つ目は今の子どもをとりまく教育環境の問題です。佐野先生のお話の中でなかなかわからなかったことの1つにいじめ問題がありました。なぜいじめ問題の話が佐野先生の本の冒頭に出てくるのか。これがわかるまでに半年以上かかりました。なぜスイミングにいじめ問題がでてくるのか。いじめ問題というのは今の教育環境の縮図なんです。安全管理の世界にはハインリッヒの法則というのがあります。1つの大きな事故の背景には29の小さな事故があり、300のヒヤリハットがあります。ということは1つの自殺問題の背景には300のヒヤリハットがあるということになります。本当に日本の子ども達というのは今心を病んでしまっている状態にあるということだと思います。実は大人も一緒ですよね。大人はこんなに豊かな国なのに年間3万人が自殺している。その背景にはハインリッヒの法則でいうと900万人のヒヤリハットがある。900万人というと日本の人口の1割弱です。日本というのは物質的・経済的には素晴らしく豊かな国になりましたけれども、逆にそうではないブータンのような国が羨ましがられている不思議な状態になっています。ビジネスマンも精神的に苦しい状態になっている。最近言われているのはコーチングですよね。大人も子どもも一緒なんです。大人も子どもも、育まれるではなく、教える・強制するという体育会系文化の中で今の日本の社会があります。そこを教える・指導するではなく、育むに変えていかなければならないということだと思います。あとは子どもの遊びの問題。最近

本当にスマートフォン・タブレットでゲームをしている子どもが増えましたよ
ね。ただでさえ遊び場が減っている。ゲーム会社さんが発明された据置型ゲー
ム機。私も子どものとき随分やりましたけれども、それがさらに身近になっ
て、子どもの遊びがどんどん悪い方向にいっているのではないかと心配して
います。そして今のお父さん・お母さんは子どもをどう育てていったらよい
のか、あまり勉強できていないのではないでしょうか。その中で佐野先生が
提唱される「共同子育て」というのは物凄く社会から必要とされている。
それは学校でやったらいいじゃないかという話かもしれませんが。もともと教
育というのは学校教育・家庭教育・社会教育の3本柱だったのです。私は
佐野先生と出会うまでは社会教育というのを正直知りませんでした。今は、
この社会教育が弱くなったんですね。ではこの社会教育の受け皿はどこなん
だと。私たちのスイミングクラブではないでしょうか。しかも水という人間
の命の本源とも言える環境があるわけですから。ということで子どもの教育
環境・社会教育の環境を創るという重大な使命を我々は持っているわけで
す。そのことに気づいていただきたい。

　最後3つ目のテーマは世代間交流です。最近フィットネス業界では特化
型の業態が増えているようです。若い女性に特化する。シニアの方に特化す
る。男性に特化する。ダイエットしたい人に特化する。色々な特化型の業
態がでてきていると思います。これは必然だと思います。では大人も子ど
も色んな世代の人がいる倶楽部の役割は何なのか。私は、世代を超えた交
流の場の提供だと思います。実は、これは私が誤解していたことなのですが、
活力生活倶楽部は高齢化時代に対応した倶楽部であると本に書かれていた
ので、これをやっていたら老人クラブのようになるのではないだろうか、と思っ
ていました。でも違いました。取組を進めていると、おじさん・おばさんと
若者が友達になっている風景が現場で増えてきています。不思議な事です。

でもよく考えたら、私は自分の親より年上の佐野先生から学んで凄く為になっています。これからの日本は世代間交流が非常に重要になってくるのではないでしょうか。若い方の持つエネルギー・バイタリティ・吸収力・志。そういったものと、年配の方が培っておられた経験・本質が融合した時に素晴らしいエネルギーになる。フィットネスクラブは、実はそういう世代を超えた交流が物凄く生まれやすい環境なんですね。ところがそこにもまた蓋をしてしまっているものですから、そのポテンシャルが発揮されていないと思います。今、無縁社会と言われています。特に震災後、人と人とのつながりの大切さが見直されていますけれども、スポーツや健康づくりという誰にも共通するテーマを通じて、老若男女様々な方がひとつの場所に集い、お互いに学び合い、生きがいのある生活を育んでいく。そういった場として、フィットネスクラブ・スイミングクラブというのは物凄い可能性があるのではないでしょうか。

　ということで3つ、高齢化社会・子育ての環境・世代間交流の場。私達の力だけでは到底足りません。皆様のお力をお借りして、活力ある日本を創造していきたい。大変困難な事ではありますけれども、「一緒に学んでいきましょう」ということを最後のメッセージにしたいと思います。ありがとうございました。

> # 第３章 レポート
> ## 変革・新生への歩み
> ### ビバグループ・マネージャー＆スタッフ

テーマ①　幼児・保護者のための「水中活動倶楽部」導入へ

　―子ども・保護者が待っていた「共同子育て」倶楽部―（子どもの活力・保護者の期待が実証）

テーマ②　フィットネスクラブから活力生活倶楽部への大変革

　―会員が求めていた倶楽部新生への歩み―（会員との座談会・声が実証）

スタッフの新たな使命と誇りがクラブ再創造へ

小西　朗仁　　ビバスポーツアカデミー枚方マネージャー（当時）

　2012年11月から合同ミーティングをスタートしました。合同ミーティングは今まで行ってきたどの会議や研修・ミーティングとも異質なものでした。これまでは一方的な指示・命令、情報・数字的共有がすべてでした。しかし合同ミーティングではパートナースタッフ（アルバイト）・社員・マネージャー・経営者がそれぞれの立場で、本質からの学びと共有を行いました。これまで行っていたトップダウン経営からボトムアップへ、始めは戸惑いもありましたが数回もすれば、卓上で議論をこねくり回していた頃と比べ、何倍ものアイデアや考えが泉のようにスタッフから湧き出て来ました。

　マネージャーの仕事は倶楽部スタッフへの指示命令やリーダーシップと考えていましたがそうではなく、スタッフ一人一人が「活き活きできる」環境をサポート・コーディネイトする事だと気づかされました。

　次にフィットネスクラブから活力生活倶楽部への変革の歩みをご説明致します。まず14年2月に倶楽部創りへの思いと活力生活倶楽部変革への5ステップを会員さんに掲示致しました。具体的な5ステップは、まずステップ1としてこれまで会員さんからお招き頂いていた忘年会や新年会などのイベントは今後倶楽部イベントとして倶楽部会員さん全員を対象に企画させて頂くこと。ステップ2は「フィットネスクラブ革命」を会員さん・スタッフの共有テキストとして倶楽部創りを行っていくこと。ステップ3は「フィットネスクラブ革命」出版を記念してのミニ講演会（座談会）にお招きする事。ステップ

4は活力生活倶楽部をサポートするスタッフのサポートプロジェクトを立ち上げる事。そしてステップ5は、イベント・サークルの承認機関として会員さんとスタッフの代表で構成する委員会の結成です。

3月に行った座談会では「フィットネス」とは何か、活力を育む倶楽部ライフを送る為に必要な事とは？等、会員さんとスタッフが共に学び、また会員さんそれぞれの背景、そして活力生活倶楽部と自分の生活を結び付けての思いを共有しました。

スタッフは「フィットネスクラブ革命」の本の学びを行って来ましたが、座談会（ミニ講演会）では恥ずかしい事に、スタッフより本にマーカー・付箋を貼り、理解・勉強をされているのでは？と思う会員さんもおられました。更にスタッフ皆が活力生活倶楽部の理解を深めたいと思えましたし、会員さんのパワーを肌で感じることが出来ました。

次にスタッフのサポートプロジェクトについてです。イベント・サークル・広報・オリエンテーションの4つのプロジェクトの立ち上げを行いました。イベントでは早速4月にバーベキューを企画する事が出来、「待ってました」と言わんばかりに会員さんの申し込みがございました。当日では仲の良い会員さん同士はもちろんですが、お話をしたことのない方同士の繋がりが出来、バーベキューやゲームを愉しみました。これが活力生活倶楽部と言うものだとスタッフのこれからのイメージが膨らんだイベントともなりました。その後もボーリングや七夕イベントとイベントの輪は広がっています。

サークルは現在、ランニングサークルを行っており、他では5月に行った「どんなサークルがしたいか」のサークルコンテストの結果をもとに準備をしています。

広報では、イベントやサークルの告知や報告を中心に行っています。中でも一番の変化は地域に発信しているチラシです。これまでハードや価格がメ

インであった紙面が、倶楽部コンセプトや実際に愉しんでおられる会員さんの声が中心になりました。

最後に新入会会員さんに行っているオリエンテーションの取り組みでは、倶楽部コンセプトを明確に伝える、倶楽部ライフの愉しみ方をサポート・イメージできる内容を中心に行っています。これまではマシンの使い方を一方的に指導し、フィジカル面のみの提案を施設側の観点で勝手に決め、そのレールの上に載せていたのだと日々反省させられます。

今、会員さん・スタッフが活き活きし始めています。しかしまだまだスタートラインに立ったばかりと言う思いです。これからも活力生活倶楽部として、会員さんと共に倶楽部を創って参ります。

佐藤 菜々　ビバスポーツアカデミー枚方

1、歩み

水中活動倶楽部を行うまでの枚方での取り組みは、幼児も学童も同じ考え方を持ち泳法指導を中心に行っていました。特に問題意識もなく、社員もスタッフも正しいと思っていました。しかし、合同 MT を通し勉強していく中で幼児と学童の違い、活動と運動の違いなどを学んできました。最初の内は「水中活動倶楽部と今までしてきたことの違いがわからない。」「ずっと遊ばせているだけではないのか？」というような感じでしたが、実際に水中活動倶楽部を行ってみることで、本で勉強してきたことが少しずつですが理解できるようになってきました。

2、気づき

実際に水中活動倶楽部を行ったことでスタッフが気づき感じたことは、

・子どもが前よりも愉しそう。

・おもちゃをあまり使わなくなった。

・素直になった。

・疲れたというようになった。

・遊具（輪っか、浮島、ボールなど）の使い方の個性が様々。

・コーチも愉しそう。

というような事に気づきました。水中活動倶楽部を行うことで、子どもが素直に自己表現できるようになったのではないかと考えます。また、指導をしなくても子ども自らの興味や関心を引き出してあげることで、出来なかった事が出来るようになることにスタッフも気づき驚きました。何よりも子どもが愉しそうなことが一番うれしいです。

3、体験会

昨年の春は募集人数も入会数も余りありませんでした。春の失敗を繰り返さない為に昨年の夏は佐野先生のアドバイスを頂き、保護者の方とお話をする時間を増やし、資料関係を初日に配布、集合の仕方も円になるなど少しの工夫をしました。アドバイスの手助けもあり、春のような散々な結果はまぬがれました。

そして、今年の春は昨年の失敗、アドバイスを活かし体験会を行いました。また、幼児クラスを水中活動倶楽部に変更しました。いろいろな要因はあると思いますが、結果的に昨年の春よりも入会率が倍になりました。

松野　大樹　ビバスポーツアカデミー瀬田サブマネージャー

ビバスポーツアカデミー瀬田のサブマネージャーの松野と申します。よろしくお願いいたします。

瀬田倶楽部は瀬田駅からは徒歩5分程で少しだけ離れていて、国道1号

線沿いにある倶楽部です。近くには大学もあり、地元の方や学生さんに多く来て頂いています。先程話してもらった枚方倶楽部と同じく大人と子どもスイミングが中心となっています。ただ枚方倶楽部よりは子どもの割合が多く、一般的にいうスイミングクラブに近い倶楽部です。

　本日話そうと思っていた内容はほとんど枚方倶楽部の2人に先に話されてしまったので、用意していたものはやめて違う話題にしたいと思います。セミナーの前半から「本質を学ぶ」という言葉が何回も出てきていますが、皆さんは「じゃあ一体具体的にどんな事をしているの?」と思われていると思いますので、私は実際にこれまで行ってきた事を交えてお話したいと思います。

　私は9年間、先程話があった枚方倶楽部に勤めていました。現在の瀬田倶楽部には移動して3ヶ月というところです。ですので佐野先生と出会ったのは枚方倶楽部での合同ミーティングでした。合同ミーティングってどんな事をしているのと思われていると思いますが、合同ミーティングは全パートナースタッフ(アルバイトスタッフ)を交えて行っているミーティングです。今までビバではミーティングは社員だけで行い、実際に行う取り組みもトップダウンばかりでした。そこで今回、春の体験会(短期教室)の振り返りを合同ミーティングにて行いました。振り返りも短期教室の担当者や社員のみで行ってきましたので、パートナースタッフの意見を全体の場で聴くというのは初めてのことでした。すると、パートナースタッフからの意見やアイデアが泉のように湧き出てきました。私は短期教室の担当者でもあったので情けない気持ちもありましたが、逆に仕事の事を愉しそうに話すパートナースタッフを見て嬉しい気持ちになった事を今でも覚えています。なぜもっと早く色々な事をみんなに相談しなかったのだろうと思いました。意見の中にはもちろん大きな事もあれば、ちょっと変化を加えればできる小さい事もあ

りましたが、小さいことでも子ども達の事を考えたり、スタッフの雰囲気や盛り上がりを考えるととても必要な事でした。当たり前のことですが、時間が無い中で1人や2人の頭で考えるよりもたくさんの頭で考える方が色々な意見が出ますし、何よりもパートナースタッフの意識が高くなり、仕事へのモチベーションが上がる事で協力もしてもらいやすくなったなと思いました。そこに合同ミーティングを行う事の醍醐味があると思います。

　次に先日行ったイベントについてお話したいと思います。佐野先生の本「フィットネスクラブ革命」のP76に書かれている「おしゃべり会」を6/19に実施しました。本にあるように自然的発生的には会員さんとお話する機会はたくさんあると思いますが、ひとつのイベントとして実施しました。スタッフも8名参加し、20名を超える会員さんに参加して頂けました。改めて会員さんと座って話すとクレームの場になったりはしないかと心配もしましたが、そんな心配をよそにカステラを焼いてきてくださったり、今後行っていきたいイベントを話し合うなど終始良いムードでした。こうして少しずつ会員さんにも倶楽部の運営に参画して頂くことが活力生活倶楽部なのだと思うことができました。まだまだ水中活動倶楽部も活力生活倶楽部もスタートしたばかりなので、活性化させていきたいと思います。ありがとうございました。

田麦　一真　ビバスポーツアカデミー瀬田

　僕もそうですね。実際水中活動倶楽部の話をちょっとさせて頂こうと思いまして、コンセプトとかどういった経緯等佐藤の方からお話があったので実際現場がどういう風になっているのかなという話を今日はさせて頂きたいな、と思っているのですが、もうほんとにここではわからないくらい実際見

てほしいくらいなんですけど、ほんとに子どもが活き活きした顔をして毎日愉しそうに来て下さってるんですね。僕自身水泳の経験が正直あったわけではなくてまぁそれでなんですけど自分自身は水泳の経験ないんですけど子ども達に水泳を教えさせて頂いてて、でやっぱり初めて水泳を教えるときは速く泳げるようになってほしいな。とかどうやったら上手に泳げんのかな。という考え方ばっかりをしてたんですけど、まぁ佐野先生と出会って色々勉強さして頂いたうえでそれは違うな。というのをやっと気づきまして、子どもらは凄い可能性を持ってるんですね。ついこの間なんですけどプールで一番プールの端っこで子ども達と喋りながらプールに入っていたんですけどある一人の男の子が僕が田麦っていう名前なんですけど子どもは呼び難いみたいでタヌキコーチって呼ばれてるんですけど（笑）「タヌキコーチ僕一番向こうまで行って帰ってくるから待ってね！」その子がそんなこと言うのは僕も思ってなくてビックリしたんですけど、今までの僕やったら「危ないから止めて！」って言ってたと思うんですけど、この「子どもの活力」っていう本にも書いてあるんですけど禁止よりもまずやってみようということで「いいよ。行ってみ。」って言ったらビックリすることにほんとに端っこまで行って一人でタッチしてめっちゃ嬉しそうな顔で帰ってきて「見てた？」と「見たよ！めっちゃすごかったやん！」と言ったらすっごい嬉しそうな顔してくれて、まさかほんまにもうその子4歳くらいなんですけどそんな小っちゃい子が一人で50m行って帰ってくるなんて思ってなかったもので、すごいビックリさせられてでまぁそういうことで泳げるようになるというか自分で進んでやっていく潜れるようになるというのはほんとに結果論で子どもらが自分からやりたいとかこんな事できるようになったというのをすごい嬉しそうに語ってくれるのが僕自身の凄いやりがいにつながってまして。

　でまたお母さん達もですねすごいです。今までは来たら子どもを見守るだ

け、子どもプールに入ってるときは携帯いじってたりとかそんなやったんです
けど、水中活動するにあたって保護者同士にも繋がりが出来てプールサイド
にお母さん達にも入って頂いてるんですね。子どもさんの小さな変化とかを
子どもさんとの財産にして下さいねっていう風に僕らも言ってて、ほんとに
大人から見たらほんまに小っこやい事なんですけど子どもらはほんまに凄い
勇気を振り絞ってやってることなんでそれを僕もお母さん達に言うとお母さ
んも目を輝かせて喜んで頂いてて、お母さん同士も今まであんなに希薄やっ
たのについこの間3週間くらいずっと休んでらっしゃった方がいて、その人
が久しぶりに子どもさんと来た時にお母さん同士が「あっ！めっちゃ久しぶ
りですね。どないしてはったんですか？」というような会話してて、お母さ
ん同士も繋がり出来てるなと思ってたら子どもらも「久しぶりやね。今日何
してプールで遊ぼっか？」という会話をしていてお母さんら同士が繋がった
ことで子どもさん同士にも繋がりが出来ていてこれはほんまに今までの瀬田
倶楽部でのスイミングでは無かった光景なのでちょっと感動もしてるんです
けど。えーまだまだ語りつくせないところがありまして、もちろんその泳げる
ようになる、潜れるようになるというところは絶対皆さんどこかにあると思
うんですけど，それだけじゃなくて佐野先生もずっと仰ってますけど曜日の
感覚ができるようになったりとか木曜日のあとは何曜日というのはわかって
て。今、金曜日に来てくれている子だと「金曜日の前は木曜日やんな。木
曜日の次はコーチに会えるんやな？」「そうやで。」と言って曜日を覚えてく
れたりとか。つい先日というかこの間なんですけど、やっぱり子どもって準
備っていうのは自分でできてないんですね。お母さんが準備してお母さんが
迎えに幼稚園まで来てプールに行くよっていうので、この前プールに来たと
きはゴーグルがないって言ってお母さんにすごい怒ってて「なんで忘れてきた
んよ！」って言ってたんですけど、そうじゃないんですよね。「自分で準備す

るっていう習慣をじゃあそこでつけさせましょうね。」っていうお話をお母さんにすると「あっ！そういう練習までさしてくれるんですね。」っていうすごい感謝の言葉を頂いて、で子ども自身にも話すと「えー。」と言いながら「でもゴーグルなかったら嫌なんやろ？」と言ったら「うん。」と言うので「じゃあ自分で準備してプール来ようや！」「うん。今度じゃあちょっとだけやってみる。」と言うんです。なんかそういう泳ぐとか以外の成長がすごい見えるのが水中活動のいいところだと僕は思いますので、まあ今日僕らが喋ってて「ほなこれすぐうちでもできそうやな。」っていうことを多分今メモってたりとかしてはると思うんですけど、あのー僕らもそうやったんですけど「できるわ！」とか「もうやってるわ！」とかじゃないんですね。実際やっぱり本質を学んで子どもらのこの対象の理解というのをしっかりしたうえでやらないと絶対ボロがどこか出てしまうと思います。その上辺だけで導入っていうのは僕はみなさんのためにも絶対してほしくないので本質を理解したうえで共に水中活動のネットワークが今後広まっていけばいいな。と思ってますし僕自身のことで言うとビバの水中活動と言えば僕という風になるっていうのが僕の今の一番大きな目標なのでまぁまぁ僕まだ入社2年目のペーペーですが（笑）まぁほんとに僕より大先輩の方ばかり今日は来て頂いてると思うので、皆さんのご指導の方も今後して頂きたいとも思います。まだまだ語りつくせないのでこの後の懇親会の方でこんな若造の僕の話「もうちょっと聞いたろかな。」っていうのであればこのあと声を掛けて下さい。はいすいません。ご清聴ありがとうございます。

大谷 一也 ビバスポーツアカデミー南草津サブマネージャー

こんにちは。私、ビバスポーツアカデミー南草津でサブマネージャーをし

ております、大谷と申します。

　昨年の9月に南草津に異動してまいりました。それまで勤務していたクラブでは、マーケティングやセールス、マネジメント、専門性（肉体的な部分）などといった分野に力を注いできました。もちろんそれが大切な面もありますが、本質を学び、会員さん視点で物事を考えるということが欠落していたのです。まさにビジネス視点の経営でした。私は南草津に赴任して間もなく「お客様」ではなく「会員さん」とお呼びすることを聞かされました。当時は少々違和感がありましたが、「フィットネス」や「倶楽部」という意味を改めて考えることで、間違った固定概念に囚われていたことに気がつきました。また、当時は健康の定義についての共有もされており、単に肉体的な健康だけでなく、心の健康や人と人のつながり、生きがい、活力を育んでいくことが本当の意味での健康であり、そのようにして生かされ活きることが幸せな人生なのだと自分なりに解釈しました。

　現場スタッフからクラブ変革への取り組みや自身の気持ちの変化、働きがいについて話がありましたが、私の目から見ても、スタッフ一人一人の輝きが増してきたように感じております。スタッフそれぞれの存在価値を認め、役割を持たせることが働きがいにつながり、変革するために欠かせないことだと思います。当倶楽部にはユニークで個性豊かなスタッフが揃っています。その可能性に蓋をするのは非常にもったいないことです。今思えば、以前はトップダウン経営により、スタッフの参画は皆無でした。今では合同ミーティングを中心に、スタッフが皆んな対等に意見でき、経営に参画できる環境ができてきました。

　その結果として、今年度は退会数が毎月前年を下回り、入会後6ヶ月の継続率も約20%改善しました。そして、少しずつ減少し続けていた会員数にも歯止めがかかりました。

佐野先生から学んでいることをこれから自分たちなりに形にしていき、日本のモデルとなれるように、これからもどんどん進化していきたいです。

田中 一郎　ビバスポーツアカデミー南草津

　私は、ビバスポーツアカデミー南草津でパートスタッフをしております田中と申します。

　本日は、「生かされ活きる倶楽部創り」のセミナーにおいて、この業界のアドバイザーであり、ファシリテーターでもある佐野先生を始め、各スポーツクラブの代表の方々の前でお話をさせていただく機会を得たことに感謝しております。

　それではまず、スタッフの意識改革ができるようになったことで、クラブが変わり始めたというお話からさせていただきたいと思います。

　私たちビバのスタッフは、毎月開催される合同ミーティングや各エリアでのミーティング等の勉強会を通じて、多くのことを学び、色々なことに気づかされ、あるいは気づいた結果、現在成長過程にあると自負しております。

　それまでは、単なるトレーニング指導や監視業務といった表面的なものを仕事として捉えていましたが、学んでいるうちに「会員さん同士の人と人をつなげるコーディネーターとしての役割」「会員さんの居場所づくり」「生活提案などといったサポーターとしての役割」にも目覚め、常に会員さん個々の立場に立って考えるという発想力が身についたことが一番大きな成長ではないかと感じています。

　それは、スタッフ自身が、従来のフィットネスクラブの考え方から脱却し、「活力生活倶楽部」の本質を学び、それを理解することができたからだと思っています。

そして、そのスタッフの想いが、会員さんにも伝わっているように感じています。

古くからおられる会員さんからは、「最近のビバは変わったなぁ」とのお声をいただいていますし、新しく会員となられた方は、「想像していたよりもアットホームな雰囲気で、これなら続けられそう」と言っていただいています。

このようなお声をいただきますと、我々スタッフもまた、やり甲斐を感じますし、それが相乗効果となって、ますます良い方向へと進んで行っているように感じています。

ちなみに、私は現在59歳です。

昨年4月にビバ南草津でパートスタッフとして採用され、主にジムのスタッフをやらせていただいております。

少しだけ、個人的な話をさせていただきますと、私は前職を定年前2年を残して早期退職いたしました。

別に仕事が嫌だった訳ではなく、むしろ自分の人生の中で天職と思えるくらい、誇りにさえ思っていましたから、大きな葛藤がありました。

しかし、それでも退職を決意したのは、ある理由があったからです。

それは「生きがい」を見つけることです。

私に限らず、人生最大のテーマは、「生きがい」だと思います。

「生きがい」を持つということは、人生における自分の存在理由を確かなものとし、自分自身の価値観を肯定するものだと思っています。

私は残りの生涯を、もっとも自分の興味のある分野であり、そしてこれからの高齢化社会に必要とされるであろう業界に身を投じたいと思うようになったのです。

それがフィットネスクラブでした。

そしてビバで採用され、そこで佐野先生にお会いしました。

先生からは多くのことを学びましたが、なかでも「生きがい」「真の健康」「活力を育み合う居場所づくり」の３つの提言を受けた時は、感動すら覚えたくらいです。

　そしてこのことは、実際に会員さんと身近に接してみると、まさにこれからのフィットネスクラブに必要なことだと実感いたしました。

　少なくとも、フィットネスクラブに来られている会員さんの多くは、そのクラブになんらかの「生きがい」を求めて、あるいは期待して来られていると思います。

　そういう方たちにただ単に肉体の健康だけでない、「心の健康」「つながり」そして「生きがい」の場所を提供して差し上げたい。

　それこそが自分たちに与えられた役割であり、その役割を果たすことで、自分の存在価値が認められる喜びを感じている。

　これが今の私の「生きがい」となっています。

　つまり、これからのフィットネスクラブは、会員さんだけでない、スタッフにあっても「生きがい」の場所であるべきだと考えています。

　私は、人は皆、生まれてきた以上、なんらかの役割を持って生まれてきたのだと思っています。

　その役割に一生気づかない人もいるでしょうが、気づいた人は幸せになれると思うのです。

　なぜなら、その人の役割はその人だけのものであって、その役割を果たすことで、周囲から認められ、あるいは感謝されて自己の存在感を示すことができ、生きる喜びを感じるからだと思っています。

　年配の方の中には、定年退職してこの後、何か趣味でも始めようか、あるいは隠居後の人生をどう送ろうかと考えている方々も多くおられると思います。

そういう方々に、身体的な健康だけでなく、精神的な健康も差し上げられれば良いなと感じています。

会員さんたちと身近で接して感じるのは、この方たちもまた、私と同じように「生きがい」を求めている、と強く感じるのです。

そして、そういう方たちに、「生きがい」の場所を提供してあげられることが、私たちの役割だと思っています。

私も含め、スタッフの成長は、自分自身が考え始めたことで、成長していったことには違いありませんが、自分たちの力だけで勝手に大きくなったとは思っていません。

そこには、ファシリテーターとしての佐野先生の存在が大きく影響していることを少し述べさせて下さい。

佐野先生は、独自の発想力を持つ、とてもユニークな存在だと思います。

それを特に感じたのは、御著書の「フィットネスクラブ革命」を読んだ時です。

その中に「生きがい観」に関する記述を見つけた時は、私自身が早期退職までして求めていたものの答えが見つかったような気がしました。

すなわち、私の求めていた「生きがい観」は、先生の提唱する「生かされ活きる」こと、そのものであり、求めてもなかなか見つけにくい「生きがい」を誰にでも分かりやすく「生かされ活きる」という言葉で表現されていたからなのです。

私は佐野先生に、「生きがい観」の答えをいただきました。

やはり、ちょっと違う思考回路を持った方だなあと思っています。

ただ、だからといって、佐野先生が特別な存在であるというようには感じていません。

なぜなら、佐野先生ご自身が、我々に「生きがい観」を語り、提案し、

指導されることに、ご自身の「生きがい」を感じておられるように思えるからです。

すなわち、佐野先生も我々と同じタイプの人間なんだと、あらためて親しみを感じている今日このごろです。

最後になりますが、人は決して一人では生きていけないものだと思います。心の孤独ほど、寂しくつらいものはありません。

すなわち、「生きがい」探しは、孤独な心のままでは、決して見つけることはできないのです。

もし、今、何かを見つけたい、「生きがい」を探したいと願っている方がおられたら、まずは行動していただきたいと思います。

そして、その中の一つにフィットネスクラブがあります。

ただ、そのクラブの性格は、会員、スタッフその他関係者すべての「生かされ活きる」倶楽部創りを目標にまい進しているクラブであることを提案します。

ご静聴、ありがとうございました。

第4章 座談会
パートナースタッフの働きがい・生きがいを語る
―「スタッフの働きがい・生きがいを育み合う」を語る―

ビバパートナースタッフ＆佐野豪

スタッフ同志に生かされ活きる観（感）が

"生かされ活きる" 倶楽部創りの礎となるのが、スタッフの "働きがい・生きがい" です。先のマネージャー＆スタッフのレポートに続き、パートタイマースタッフの声を紹介しましょう。パートタイマースタッフと言ってもいろいろです。どのクラブも同じでしょうが、フリーター的立場の人・主婦の立場の人・リタイヤーの立場の人、そして多くの学生の人達といろいろです。ビバグループでは、そうしたスタッフを "パートナースタッフ" として、一緒に倶楽部創りに参画していただいています。もちろん、毎月の合同ミーティングには、出来るだけ参画していただき、一緒になって倶楽部創りを展開していますから、この章であえて "生の声" を紹介しましょう。

（一）学生パートナースタッフとの語り合い

始めに、大学生活を送りながら、アルバイトとしてスタッフの仕事をしている方々の代表者との語り合いを紹介しましょう。特に近くに大学が多いという地域性もあり、大学生のサポーター的存在は、大きなものがあります。こうした学生参画型のクラブも全国に多いのが現実でしょう。それだけに、業界での学生スタッフとのふれ合い方、テーマについて一石が投じられればと思っています。

それは、学生スタッフを単なるアルバイター・補助的・アシスタント的スタッフや、見せかけ的社員スタッフのような位置づけとしてではなく、お互いの立場を "生かされ活きる倶楽部創り" への具体的視点・テーマとして提言する一石です。

まず考えたいのは、学生の本業（学部・学科・学びたいテーマ）を考えた立場で理解をし、応援・サポート観を、クラブ・社員側がもつことから始まるということです。次に、社会参画への就業体験的学びをしている立場、そしてあくまで人間形成期の過程であることへの理解です。

こうした学生の本業を前提にし、このテーマを理解することは、決してマニュアル的なことを一方的指示することではないと、私は信念をもってそう思っています。それは大学生とのふれ合いを、公私共に三十数年やってきた立場だからこそ、もってきた私の信条かもしれません。

　ここで、業界との関わりのなかで、こんな実話を紹介しましょう。

　それは、ある小さなフィットネスクラブの支配人の電話から始まりました。全く私との面識がないその人物が、どうしても私と話をさせて下さいと、自宅をたずねてきました。話の内容は、支配人以外は全てアルバイト学生スタッフで運営していて、学生スタッフの研修会に話をしていただけないでしょうか、というものでした。そのお願いには、自分の人生をかけた依頼を語ってきたものと感じ、出かけることにしたのです。当日は十人近くの大学生への語りかけという展開になりました。私は、自分のこの仕事への必要な思い、考えを語ると同時に、一人ひとり大学名・学部・学びたいこと等を自ら紹介していただきました。もちろん学部・専攻はいろいろでした。同時にその一人ひとりの背景を理解したうえで、クラブでのアルバイトの生かし方を解説・アドバイスをしていきました。そうした展開に、参画している学生が全員涙を流していったのです。

　最後に、その涙の背景を聞くと、人生的な感動があったとのことでした。特に大学の先生も会社も語ってくれない、フィットネスクラブのアルバイトと、専攻している・学びたいことを結びつけていく話に嬉しく涙が出てしまったと、語っていました。

　これを逆に考えると、クラブ側が雇用したアルバイターとして見ているだけで、学生一人ひとりの学生生活と、仕事内容からの生きがい・学びを結びつけた対応が、いかになかったかの表われでもあるのです。そんな本来の接し方をするだけで、学生スタッフが全員涙したのです。私は、本来の学

生スタッフとの接し方を出来るだけするように試みてきました。

　余談ですが、私とファシリテート的大学での二方通行の愉しい授業に、"佐野先生の授業でこの大学に来た甲斐がありました…" "愉しく「生き方」を学ぶことが出来ました…"といろいろでした。そのうえに、どれほど多くの大学生が、我が家に来たか、数えきれません。それを三十年近く続けてきました。

　ビバグループとの展開も三年目の節目になりました。そこで、ひとつの本音的語り合いの節目を創り、学生スタッフのワークショップに結びつけていきたい思いで、学生との語り合いの一時をもちました。

　これをきっかけに、さらにグループ全体が大きく変わってくると思うので、日本のモデル的倶楽部として充実した展開モデルを、全国に示唆・発信していきたいと思っています。その一つとして、最後に「インターンシップ」について提言しておきましょう。

学生スタッフの代表として自由に語り合いましょう！

参画スタッフ（ビバグループ学生スタッフの代表者と共に）

同志社大学大学院　**坂口　紗姫**

立命館大学　**衣川　修平**

立命館大学　**原田　和樹**

立命館大学　**檜垣　由梨子**

龍谷大学　**木村　廣多**

佐野

　少しの時間ですが、学生スタッフの代表者として、一言ずつ語っていただき、話し合っていきましょう！

　今日の合同ミーティングにファシリテーター役（協働・共創的展開の進

行役）を務めていただいた坂口さんから語っていただきましょう！

坂口

私は入って三ケ月です。今までに十数種類のアルバイトをしてきましたが、ここが一番好きです。特に社員とパートナースタッフの壁を感じないで仕事をさせていただいています。その壁は、社員が認識していないと壊れないと思っています。社員の方々が"何んでも意見は聞くよ！"といった気持ちがなくてはと思います。

次に思うのは、毎日の仕事が愉しみということです。特に南草津の合同ミーティングでのワークショップで、みんなの意見を出し合うのがとても愉しみで、毎回学ぶことが多くあります。今日、私自身一時間のファシリテーター役を務めて、特に学ぶことが多くあったと感動しています。三クラブ全体でもこうした展開をしていただきたいです。

どのクラブにも言えることですが、始めはバイト代が欲しくて始めた学生も多くあるでしょうが、それぞれに"生きがい""学び合い"ができることに喜びを感じてほしいと思います。

佐野

パートナースタッフと社員の壁をなくすことは、社員の責任と言いきられたことには、とても大きな背景と意味があるでしょう。

ビバ枚方での最初のワークショップでは、パートナースタッフと社員が、同じテーマでこんなにも話し合えたことに、感動して涙されたスタッフがいました。こうした場面は、どこのクラブでも最初のミーティングでの慣例的な場面にもなっています。

こうした感動は、逆に眺めるなら、多くのクラブの現実は、"共創観（感）"が余りにもないことを表しているのかもしれませんね！

今まで最初の合同ミーティングにて、スタッフがワークショップに感動さ

れ、涙されたことが多くあります。そんなワークショップをスタッフが"会社内が爆発しました！"と表現されたこともありました。逆に眺めるとそこには私達の仕事に対して、人間同士の感動の共有・共感から一人ひとりの"生きがい"と結びつけることが、究極的なテーマであることを学んでいない現実があったのです。

私は以前、公共施設での指定管理を受けたクラブに、こんな提案をしたことがありました。それは、学生スタッフの名札には大学名を入れてはというものでした。そこには、公共施設としての地域住民交流の場としてテーマを考えた、私の個人的な思いでした。別の見方をすると地域密着型大学創りとがリンク化していくテーマと位置づけした発想だからこそ提案した具体策でした。現に地域の利用者とスタッフの対話の媒体にもなっていきました。

衣川

僕は、高校時代に水泳をやっていたので、その体験を生かしてバイトが出来ればいいと、軽い気持ちで入りました。ところが、一人ひとりがもくもくと筋トレをしている所だとイメージしていたのが、まったく異なることにびっくりしていくことになりました。クラブを変えていく時に、会員さんとの会話の多いのに驚きました。僕は、佐野先生との合同ミーティングが始まり、発言できる愉しさを知っていますが、最近入ってきた学生は、その発言が出来る愉しさを知らないのがとても残念です。変革前は全てトップダウンで、事務所の雰囲気が全く違っていました。

一方では、社員とパートナースタッフの壁がなくても、社員さんは社員さんで、それだけにオンとオフのメリハリをつける必要があるとも思っています。

佐野

今の話は、壁を無くしたうえで、社員は社員として、会社組織から考えることと、パートナースタッフとしての倶楽部ライフ創りの"共創"の仕事

はある意味分けておかなくてはならないのは、当然のことでしょう。もうひとつの話で、クラブ変革以前を知っている先輩学生スタッフは、後輩スタッフに何らかのかたちで伝え、新たに変革されているここのよさを伝えておきたいものですね！

　昨日も枚方で、合同ミーティング後にこんな学生スタッフがいました。「フェイスブック」の「活力健康倶楽部創りネットワーク」や佐野先生の「メールマガジン」を見ていますが、"他のクラブの現状が分かるので、とても勉強になっています！" "他の学生スタッフにも見ていただき、学んで欲しいと思っています！"…といった嬉しい声も聞かせていただきました。

　一方、瀬田では「辞めるパートナースタッフがいるので！」と言った話を聞きました。私は思わず「この流れでそれはないよ！」…「クラブが本物創り志向し、変革への歩みを知り、新しい合同ミーティングに参画していただくなら、その人の人生まで左右していく可能性があることを感じていただきたい！」とも言ってしまいました。もし、この合同ミーティングの流れ・内容も知らずに、辞められていくことは、私としてもとても残念です。それこそ先程の話のように、それは、社員のせいでもあるのです。合同ミーティングに参画出来ないパートナースタッフの方々が、変革されていくことを知っておられるのなら、又本当に知らされているなら、逆に喜ばれるのです。まして、感動的な最初の合同ミーティングの体験もない訳ですから！本物創り志向し、変わっていっていることを知らないのです。そんなパートナースタッフが出ないことを願うばかりです。そのためには、何らかのかたちで、直接・間接的合同ミーティングへの参画を、改めて確認したい思いがします。

　昨夜、小森代表とは、多くの学びからクラブが変わっていくのを知らずに辞めていくスタッフがいるなら、その人の人生的な申し訳なさを感じることを話し合いました。ぜひ、スタッフ仲間で共有してほしいテーマでもありますね！

原田

僕は、アルバイトをさせていただいて、一年八カ月位になります。僕は学生だからといって、お金を稼ぐだけではもったいないと思っています。学生である自分は、一般社会の大人とふれ合う機会がないので、会員さんとふれ合い・学ぶ事が出来ると思いやっています。僕は、人と話すのが好きです。人と話していると、それぞれいろんな考えがあり、その人の人生のなかで、その考えがあることにたどりつきます。まさに、人にはそれぞれの人生があり、その人生を知ることが出来ることで、ここで仕事をさせていただいています。

ここで話しておきたいことは、合同ミーティングが私の就職に結びついたことです。それは、佐野先生に教えていただいた面接方法と面接時の話題です。ファシリテートで学んだことから、面接者との面接内容の方向性を共に創っていくことに、チャレンジしようと思って面接に向かいました。具体的には、大手製鋼所の建設部内の面接に、佐野先生から教えていただいた、まちづくりからの広い視点からものづくりを三人の面接者に語りました。とても愉しく面接の時間を過ごせて、その結果、採用決定になりました。ビバには、よい経験をさせていただき、とても感謝しています。卒業してから社会人として社員さんと再会したり、ビバの後輩スタッフに〝おごってあげる！〟を愉しみにしています。

学生時代に、いろいろ考え・発言することが、とても有意義で愉しみとして、参画させていただいています。

これだけは言っておきたいことがあります。それは、社員さんとパートナースタッフの壁を失くすことは必要ですが、社員さんは社員さんで、僕達が立てていかなくてはと思っています。しかし、会員さんから見て、社員かアルバイトなのか分からない話がよく出ます。それがいいのか悪いのかは私には

分かりません。もし会員さんから見て、社員とアルバイトの違いが分かっていただければ、社員はプロとして僕達はアルバイトとして、もっと役割分担のなかで高いレベルをめざしていけるのではとも思っています。

佐野

いま"プロ"という話が出ました。昨日瀬田でそのプロの話をしました。まさに会社の都合やシステムを考えたマンネリのお便り・チラシ創りはプロの仕事ではないという話です。本来の"プロ"の仕事は、今まで学んでいただいてる対象者の生活から考えた販促でしょう！…と苦言を言いました。まさに社員はプロとして仕事をしたいですね！

こんなこともありました。枚方で、パートナースタッフに私の本をテキストとして配りました。すると合同ミーティングにて、"この本を読む時間の時給はいただけますか？…"と質問してきた合同ミーティングに初めて参画してきた４年生の学生スタッフがいました。この質問に、合同ミーティング会場は一転して"シーン！"となってしまいました。誰も答えないなか、私はこんなアドバイスをしました。大学の授業は、一コマ幾ら位払っているのか知っていますか。少なくとも一コマ数千円位払っていることになるでしょう。それはそれですが、そんな背景のなかで、休講は本来喜べないことですね！…ところが、ややもすると喜んでしまいます。ここのバイトは、全く逆の話ではないでしょうか…多くの事を感動しながら学び・体験して、そのうえで時給をいただいているのですよ！…と大学生活とビバで合同ミーティングを含むアルバイトについて解説を十五分位しました。

そうすると、合同ミーティングの終わりにその学生スタッフは、"ビバでの四年間のアルバイト生活にて、いろんな立場の人といろんな語り合いが出来、会員さんから四年間社会勉強をさせていただいたことに気づかされました！そして、四年間の感謝をこめて、卒業していきたくなりました！…"と語っ

てくれたのです。そして、次の月の合同ミーティングには、一番最初に会場入りをし、私に声をかけてきました。まさに、実際と、それに対する気づき・問題意識がお互いの立場にあるかないかですね！

　私は、昨日も小森代表と話し合いましたが、この合同ミーティングに、学生スタッフのお父さん・お母さんに一度位見学・参画してほしい思いがあることです。"皆さんのお子さんは、いい所でいいアルバイト生活をしていますね！いろんな学びをしていますよ！"

と語りたい気持ちが私の本音としてあります。

　全くの余談です。私は以前ある大学の後援会長をしたことがありました。入学式での保護者の方々へ、これで、皆さんのお子さんは大人の仲間入りをしました。…子育ては殆ど終わったのです。…今後は、リタイヤ生活も含めて自分達の愉しい生活を夢見て下さい！…と挨拶のスピーチをしました。すると、その後の学長さんのスピーチは、今の後援会長さんの話もありましたが、大学を卒業しても専門を生かした就職が難しくなってきています。どうぞ就職活動も何らかのサポートをお願いします！…両者の視点の違いがどこか変だったことがありました。

　それはさておき、人生的な視野からビバとのふれ合いを考えていただければと思っています。

　檜垣

　私は最初の頃は、大学で学んでいるスポーツと健康をキーワードにと、ここでやっていることの結びつきを考えて仕事を始めました。

　最近は高齢化社会のなかで、うつ病や認知症といった問題がクローズアップされてきました。そうした問題も含み、新しいフィットネスクラブへ大きく変化していかなくてはと思っています。特に会員さんと話をするようになり、お友達と会いたい・話しをしたいという人との繋がりを求めて、来られ

ていることを感じ・学ぶようになってきました。合同ミーティングをやって
いない時には、従来型のフィットネスクラブをイメージしていました。とこ
ろが、佐野先生との合同ミーティングでの学びのなかで、必要とされる倶楽
部創りにシフトしていったと感じています。もし、大学だけで学んでいたら、
必要とされる新しい倶楽部創りや活力生活倶楽部創りの学びには、限界が
あると考えています。

　その限界をのりこえたことは、運動のやり方や効率を教える場としてだけ
ではなく、心の面からいいことがあることを実感していただく場創りが大事
だと思えるようになったことです。そうした本来の健康を考えたクラブ創り
を学びたいので、ビバでの仕事・学びは、それを実現するいい場と考えてい
ます。

佐野

　彼女は、最近では日曜日の各地のマラソン大会と合同ミーティングが重
なり、少し合同ミーティングに遠ざかりがちです。以前は社員以上に学び感
をもって参画していました。

　当初は、立命館大学スポーツ健康科学部の先生方にも、この合同ミーティ
ングを知っていただきたい、参画していただきたい思いで何人かの先生方に
もコンタクトし、ぜひ、お会いして！…といった話にもなっています。昨日
の枚方では同志社女子大学の学生スタッフから卒論指導の依頼がありまし
た。テーマは枚方・瀬田で新しく創った "水中活動倶楽部創り" について
でした。とりあえず昨日、初回のアドバイスの一時をもちました。まさに、
学生スタッフ一人ひとりには、いろんな展開・発展の可能性をもっているこ
とを感じています。

佐野

　ほとんどの合同ミーティングに参画してこなかった瀬田の木村君はいかが

ですか？

木村

入った動機は、高校からラグビーをしていまして、ここではトレーニングも出来て、"おいしいなあ！"と思っていました。自分がもっと調べなかったのが悪いのですが、インストラクターの仕事は、トレーニングの補助と思っていました。

ところが、実際には高齢者の方が多くて話し合いが中心となり、介護施設のような感じで、"おいおい！いいのか！"と思ったこともありました。しかし、学ぶことも多くあり、二回生も続けました。そうした時、ジムを改装し、マシンの数も少々少なくなり会員もへったこともありました。そして、三回生になった時、「活力生活倶楽部」へと変わると言い始めました。しかし、自分にとってはどうでもいいことで、"知ったことではない！"と思っていました。どうせ卒業だからもう雇ってくれるところはないと、もう少しおることにしました。最近になって、今までお世話になり、残りの学生時代、精一杯貢献して卒業したいと思い、今ここに座っています。

佐野

正直な本音を語ってくれたようですね！三クラブの何人かの学生スタッフも合同ミーティングの内容を知らず、同じような考えをもっている人も多いのではと思います。

檜垣

学生時代は、アルバイト以外にいろんなことをやりたいと思うから、このような考えもあると思います。

佐野

そうだね！学生時代を有意義に過ごそうと思えば思う程、いろんな方面・分野にかかわりをもって過ごしたいと言うのは、当然のことと思います。私

も学生の頃は、いろんなボランティア活動・地域活動・研究活動そしてアルバイトと帰省する時間がない位でした。たまに家に帰ると母親に"いい若者が家にいてどうするの！"と言われました。

　小森代表は、学生スタッフのいろんな話を聞き、どう思いますか？

小森

　もう"感動"の一言です！　地域性もあり、学生スタッフと倶楽部ライフ創りを結びつけるのは、長年の大きな課題でした。二年前に変革を始めて、あっという間の二年間で実現してきて、驚きと感動でいっぱいです。二年前はSPJ（浜松市）さんの後追いをしていました。主婦スタッフの多いSPJさんに対して当グループにとっては、学生スタッフが多いことが大きな課題でした。学生さんは、授業もあり時給をもらうことが第一の目的になってしまいがちです。

　そうしたなかで、学生さんにとっても、生かされ活きる倶楽部創りのテーマだったので、それを知らずにいた瀬田の木村君には申し訳なかったですね！でも、今日ここに来てくれて嬉しく思っています。又、他の学生スタッフの代弁もしていただいたと思います。

　学生の皆さんは、専門分野との結びつきであったり、人生的な学びの一時であったり、いろいろだと思いました。どちらにしても、お金を稼ぐためのものであれば、非常にもったいないことです。ここにおられる皆さん始め、より多くの学生スタッフの方々が、人生的な学びの一時にしていただき、日本のフィットネスクラブ業界のモデル的な存在創りをしていければと思います。そして、このビバグループの実情を全国発信していきたいとも思っています。

佐野

　皆さんの正直な気持ちを語っていただきありがとうございます。

90

　実は、二年前にビバグループの学生スタッフの事情を知り、倶楽部創りへの学生スタッフの参画課題は、小森代表には、提案していました。その第一歩は、社員・クラブが受け入れる学生一人ひとりのプロフィールをよく知りなさいということでした。例えば、労働の提供者としてだけではなく、学部・専攻・学びたいことを知り、そのうえに趣味や特技を知って、倶楽部ライフ創りに、より愉しく有意義に参画していただけることへの気配りから始めましょう！と言っていました。ようやく二年がかりで実現しつつ、私としてはひとつの節目を感じています。

　一方では、政府が取り組みを進めている大学等の教育機関と企業現場をリンク化させた"就業体験"としての"インターンシップ"制度があります。私が提言したいのは、そうした制度も視野に入れながら、大学等では学べない具体的に学んでいる専門性と結びつけた広い先見性のある視野・視点からの"生かされ活きる"新しい必要とされる倶楽部創りへの参画です。そうした提言をも考えた、学生スタッフのためのワークショップをもしていきたいと思っています。又、そのことがビバグループ新生への具体的な倶楽部創りと結びついていければとも考えています。最後に、そうしたワークショップに対してのご意見を伺いたいと思いますが!!

　一部紹介

- 大変先を見た、学生にとってもありがたい話です。出来れば学生にとっての休日か休暇に開いていただけると嬉しいです。
- ビバグループの学生スタッフだけではなく、他の大学生で、教育や健康をテーマに学んでいる学生、ビバの倶楽部創りに興味のある学生等も、参加できるようになればいいと思います。
- 自分の意見・考えを述べることが出来る場は、とても大切だと思います。特に日本の大学生にとっては大切なことと思っています。

佐野

ありがとうございました。来月は、社会人としてのパートナースタッフを
やっていただいている方々との話し合いの三十分をもちたいと思っています
ので、どうぞよろしく！

全員

ありがとうございました！いい体験・学びの一時になりました！

大学とのネットワークの可能性についての緊急提言！

私は、大学での学生との対話による授業と共に、全国のクラブ現場の学
生スタッフには、その立場をリンク化して接してきました。

まして、業界変革提言のパイオニア的唯一の存在・立場で、大学生活と
社会体験を結びつけ、解説しながら学生スタッフをサポートして来ました。
先に紹介した支配人以外全員学生スタッフ（いろんな大学・学部からの参
画）の研修会で、一人ひとりの学生スタッフに合ったアドバイスに、全員が
涙し、大いに感謝されたことがありました。私の対話による愉しい授業と同
じく、若い学生の感動・感謝が育まれています。私のネットワーククラブで
は、いろんな実話があります。それらは、「人生観が変わりました」「卒論の
テーマをここでの合同ミーティングについて書きたい」「地域の幼稚園をま
わり、水中活動の素晴らしさを解説したい」「大学の先生方にもこの合同ミー
ティングに参画して頂きたい」…といろいろです。

中には、クラブ変革を知り、大手グループでの採用や、教員採用試験の
採用通知を受けながら、仲間入りしてくるスタッフ等は、数多くいます。
現に、いろんな感動・感謝の声も聞いています。

今、多くの学生が求めているのは、新しい今絶対必要な倶楽部創り（生
涯教育・学習からの視点・テーマ）と結びつけたリンク化です。その学生

の学部は、体育・健康を初め、教育・家政・社会福祉・人間・文化・政策・理工…全ての学部の学生に共通していることです。それは、私の体験からの本音的気持ち・実感です。

そうした接点・リンク化を例えば授業・ゼミ・卒論…さらに、「インターンシップ」と結びつけてと、いろんな展開が考えられます。現に、ある大学の副総長・副学長・事務局長の三者を前に相談を受け提案したこともありました。その大学は私の提案を具体化し、後に全国のモデル的授業で注目されてきました。

特にビバグループには、数多くの大学があります。（現に私も、この地域の滋賀県立大学にて全学科の対象者に５年間程集中講義をしたこともありました。）ビバスポーツと地域の大学で、モデル的ネットワーク創りを展開し、全国へ発信していければと思います。

もちろん、全国の大学にも同じことが提言出来ると思っています。

全国の業界・大学関係者に、こうした学び合いのネットワークの必要性と可能性について、改めて「緊急提言！」しておきましょう。

（二）社会人パートナー・スタッフとの語り合い

どこのクラブにも、正社員スタッフと共に学生スタッフ・他にも社会人の契約社員・パートタイマースタッフと、いろんな立場のスタッフによって運営されている実情があります。しかも、会員から眺めると同じスタッフなのです。

しかし、どのクラブも大きな問題は、そこには大きな壁があるのが現実です。

そして、その中に入ってみると、ミーティングそのものに、大きな問題が

あるのです。つまり、会社的・クラブ的にも、社員を中心とした伝達型ミーティングが中心となり、パートタイマー的スタッフとは、伝達事項的ミーティングのみで展開されがちなことです。

現に、このことが大きな問題であり、会員と共に共創していく倶楽部ライフ創りへの大きな壁でもあります。それは、私がどのクラブの現状を見ても、感じる問題でもあるのです。逆に述べるなら、クラブ変革への第一歩は、この壁を壊すことから始まると言っても決して過言ではないでしょう。そのために、私のファシリテーション・ミーティングは、そこから始まります。どのクラブでも、社員スタッフとパートタイマースタッフが一緒になり、一緒に考え・学んでいただくことが、第一回目から始まります。そうすると、どこのクラブも"こんなミーティングは始めて！""一緒に考え・学んでこそ、クラブが変わっていけそうな気がして来ました。とても大切なことを忘れていたような気がします！""これからクラブが変わっていくような気がしてきました！""先々の合同ミーティングが愉しみです！""会社・職場が変われそうで愉しみです！"…といった声が出てきます。それは、声と共に、レポートにも書いていただくことになります。そして、スタッフ自ら涙しながら、感動的感想を述べられることがあります。なかには、第一回の合同ミーティングにて、スタッフの一人の涙からそこにいる会長・社長・専務も含めて全員が涙したこともありました。

そして、スタッフ一人ひとりの人生的なドラマに結びついていく、合同ミーティングに発展していくことになります。それは、第6章の『ドキュメントが証すクラブ再創造への礎』でふれてあることを熟読していただくなら、自ずと理解していただけると、自信をもって述べておきたい思いです。

そうした意味でも、本書の"生かされ活きる倶楽部創り"と結びつけ、その実証への"証"として紹介します。

次に紹介するのは、ビバグループ南草津での二年目最後の合同ミーティングにて、三十分時間をいただき、先月の学生スタッフとの語り合いのパートⅡです。そのミーティング内容の全てをそのまま紹介させていただきます。この語り合いのなかから、愉しい合同ミーティングの"生かされ活きる"観を感じていただければ幸いです。

参画スタッフ（ビバ南草津の社会人のパートナー・スタッフと共に）

福田夏菜　東陽子　田中一郎　小鯛新太　鍛冶真理子

異なるプロフィールからの働きがい・生きがい

佐野

先月の合同ミーティングでは、学生スタッフの代表者と自由に語り合いました。今回は正社員・学生以外のサポータースタッフと私との座談会をしたいと思います。それぞれの立場でのビバでの"働きがい""生きがい"について語っていただければと思っています。

福田

ここに来るまでには、三年位社会人として他の職場で働いていました。フリーターとしてビバに入り五年間やってきました。前の仕事は、業種が異なりますが、同じく人対人の仕事をしていましたし、人と関わる仕事をしていきたいと思っていました。前の職場ではヘルニアになり、立てない状態になったので、いったん辞めました。そして自分自身の事を考えて、健康をテーマにしているここに入りました。私がずーっと前から思っていたことに、誰かのために笑顔になっていただきたい。その人が笑顔になれば、自分も笑顔になるし、それが健康に繋がると思っていました。会員さんが笑顔になれば、

自分がここに来て良かったと思えているので、ここにいること自体が、私の"生きがい"と思っています。まさに仕事の現場が私の生活のなかでの"生きがい"になっています。

佐野

福田さんは前の職場の時に、自分の体を痛めてなんとか健康に結びつく職場と思い、ビバで仕事するようになったのですね！そして、健康の源は笑顔ということの思いになり、会員さんのふれ合いのなかで、お互いの笑顔を愉しむようになっていったのですね！それが福田さんの健康に結びつき、"働きがい""生きがい"となって、仕事そのものを愉しんでしているというお話でした。そして、その"働きがい・生きがい"が自分自身の体の痛みからも脱却していく場にもなったことが大変良かったことに結びついたのですね！

福田

先程小森代表に見せていただいた本「友だちの数で寿命はきまる」―人との「つながり」が最高の健康法―（石川善樹著・マガジンハウス刊）に、"笑顔"のことが書いてありましたので、私も読んでみようと思いました。

佐野

人と接する仕事と笑顔のテーマが結びつき、自分の体の痛みからも別れることが出来、健康に結びつき、良かったですね！次に東さんはいかがですか？

東

私は社会人として五年間やっていまして、三年間は他のスポーツ

クラブで仕事をしていました。

佐野

他のクラブでも仕事をしておられるなら、今のビバでの変革の歩みと結び
つけて比べると、いかがですか？

東

私は二十六歳の時大手グループのクラブにてバイトを三年間やっていまし
た。そこでは、子どものスイミングを中心にやっていました。そして、かけ
もちでフロントもやっていました。仕事そのものはやりがいがありましたが、
そこは人間関係が余り良くなく、感情的に流される上司もいたので、体の
調子も良くなかったこともあり、結果的に辞めることになりました。そして、
ここのビバにきました。しかし、当時は今と異なり、精神的に大変しんどい
ものがありました。そこへ、佐野先生との変革への合同ミーティングが始ま
り、雰囲気が一転していきました。そこから、職場が愉しくなり、合同ミー
ティングの参画の仕方も変わってきました。今は、とても愉しくやっています。

佐野

東さんは、自ら言っておられたことがありました。〝私はしゃべるのが苦
手で…！〟と、皆さんの前で言っておられたのを憶えています。〝自ら人と
話すのは苦手ですが、自分の意見を言うことに、これからは努力していきた
いです！〟…といった思いを語られたこともあり、そこから大きく変わられ
たように思います。私が見ていて、その言葉・思いを皆の前で言われてから、
東さんはすごく明るくなられたように思っています。そんな自分自身の変化
を合同ミーティングを始め、ビバでの生活・仕事のなかで、自ら仲間と共に
創っていかれたように思います。

東

ありました！それこそビバの生活のなかに、その変化があり今では、一転

して職場・仕事を愉しむようになりました。

佐野

次に少し異なる立場で、田中さんお願いします。田中さんは公務員を定年前に退職され、一か月目に私と出会い、一緒に合同ミーティングを愉しんでやってきましたね！

田中

私は、京都府警にいまして、今ここにいるのが"万感"の思いがあります。昨年の四月にお世話になり、二年近くになります。私は、三十六年間警察人生に身をおいていました。二年後には退職し、次の再就職の職場も決まって、このまま天職で終われるんだなあ！と思っていました。そんな時、これで自分の人生はいいのか、自分のやりたいことは何なのかと思い、ここに入れていただきました。私が転職したことは決して間違っていなかったと思っています。先日も前職の職場の同期仲間から同期生の集まりのおさそいを受けました。その時に、当たり前のように聞くのは、"どんなんや！"と毎回聞かれます。私は、"君らには申し訳ないが、大変充実している人生を送っていて、大変満足している！"と言いました。

佐野

以前、田中さんが本音的に語られ大変嬉しく思ったことがありました。それは、今の田中さんに対して、家族からとても顔色が良くなり、家庭も明るくなり、ビバでの仕事を大変喜んでいただいている話がありました。

今、会社・職場をリタイヤした人の生き方は、いろいろ問題になっています。自分の趣味を生かす人、ボランティア活動をする人、地域内で居場所創りをする人…いろいろです。そうしたなかで、田中さんは定年を前に、次の人生を見つけられ、ビバのなかでも大きな存在として活躍されていますね！今日の合同ミーティングの司会・進行も、大変ユニークに展開されています

よね！私が南草津での変革への合同ミーティングを始めた時と、田中さんが
ビバに入られた時が、ほぼ同時期だったのでとても印象的です。まさに、新
しい"生かされ活きる倶楽部"創りへの合同ミーティングと、田中さんの新
たなる"生きがい"創りとか結びついていったように思っています。

　次に、ビバ仲間に入って半年位が過ぎた小鯛君はいかがですか？

　小鯛

　僕は、二十八歳です。大学院を出て製薬会社に勤めていました。大学院
では、経営学の会計の分野を学んでいて、就職する時もいずれ本社の財務
に入ってほしいと言われていました。ところが、ある時ポストが無いのでと
聞かされ、それをきっかけにその会社を辞めていろいろ悩み、とりあえず公
認会計士をめざしてがんばることにしました。そこからは定職に就かずに大
学の講座を始めることにしました。昨年の最初の試験に合格し、後半の試
験ということになったのですが、不幸にも不合格になってしまいました。そ
して次の機会が最後と決めました。もし、三十歳になってかなわない場合は、
現実を追っていくべきと決めました。そんな時、お金を稼がなくてはならな
かったので、ビバでお世話になることにしました。

　もともと、子ども時代にビバの瀬田でスイミングの会員だったので、ここ
に入れていただければということになりました。

　今このビバで生きがいにしているのは、会員さんというより、スタッフの
皆さんに感謝しながらご一緒させていただいていることです。この年で年長
の立場にあるのが、皆さんにフォローしていただける人間関係が、とても居
心地がいいです。どうしても、かしこすぎて何を言っているのか分からない
と言われる中で、いろんな方にいろんなサポートをしていただきながら仕事
をしています。今はどうしてもここにいたく、ここにいられるから受験勉強
も出来るし、又、家族のものに理解してもらっています。

佐野

他の大学生とは、少し立場が異なり、資格を取る過程の仕事でもありますね！ビバでの愉しい職場を無くしたくない思いのなかでの、家族との話し合いが目に浮かぶようです。

小鯛

家族にも　"あんた！どっちが本業！"　と言われるなか、ビバでの仕事を愉しんでいます。

佐野

今日は、皆さんに倶楽部創りのテキストにしていただいている「フィットネスクラブ革命」の第三章を、会計学的な立場でファシリテーターを務めていただき、皆さんには新しい視点で刺激になったと思っています。どうでした？

小鯛

ふだんは僕の相手はテキストですので、人を相手にした立場で大変勉強になりました。

たとえ、公認会計士になったとしても、人に伝えることが大切で、いい体験をさせていただいています。

佐野

そこにも繋がり、喜びと生きがいもあるかも知れませんね！

鍛冶さんは長くビバで仕事をしていただいていると思います。まさに、ビバでの仕事を大きな　"働きがい"　"生きがい"　にされていると思いますが、いかがですか？

鍛冶

私も以前、他のスポーツクラブで働いていました。お金もいっぱいあるバブル時代でしたが、バブルが弾けると同時に閉鎖となりました、その時は、

知り合いも通して他のクラブで働かないかと、何件かお話しをいただきました。しかし、けっこうマニュアル化されたクラブが多く“こういうふうにしなさい！”“こういう声かけをしなさい！”と言った話で、どこにも行く気がしませんでした。そうした時、どんなスポーツクラブがあるのか、ネットで調べてみました。すると、近隣で私の行きたいクラブはここだと思うクラブが見つかりました。ところが、子どもがまた小さく、とても遠いのであきらめました。その時、ここのビバが出来るのを知り、マネージャー面談をしました。私はこんなクラブ創りをしたいと願った時、全く同感と言われ、フリーパスとなり、すぐに働かせていただきました。今では、調べて行きたかったそのクラブを佐野先生が教えておられ一緒に本も出されていたのを知りました。今のビバさんに入っていて、とてもその繋がりを喜んでいます。

　《後で、鍛治さんがザビエル高校（山口県小野田市）を卒業されたことを知りました。私は、ボランティア活動に熱心なザビエル高校に講演に出かけたこともあり、拙著にも登場していただいているので改めて間接的な出会いのあったことに感動することになりました。》

　しかし、ビバに入って仕事をしても、いろんな企画を立てても消えていきました。私は“なぜかなあ！”…いろんな疑問をもっていました。そうしたなかなか軌道にのらなかった時、佐野先生の合同ミーティングが始まりました。そして佐野先生からいろんな事を学び始めました。“お客様ではなく会員さん”“参加ではなく参画していただく”…といろいろでした。又、参画型クラブ創りってことを知りませんでした。そして、会員参画型倶楽部創りをしていくという方向性を学ぶようになりました。

　私も他の仕事をしていた頃もありましたが、水とのかかわりあいのある仕事をしていきたいと思っていました。私は、自分の好きな仕事でないと、相手に伝えることが出来ないと思っていました。もちろん、水泳を通して健康

になっていただきたい思いはありますが、泳ぐだけでなく、歩いている方の
なかには、大切な人を亡くされ生きがいを失くされた方もおられます。そう
した悲しさのなかで泣きながら来られる人も何人も見て来ました。始めは、
涙をされているなか、笑顔に変わりお友達をつくられるのを見て来ました。
それが、私の"働きがい""生きがい"でもあります。その当時、私は父を
亡くしているので、その気持ちがよく分かりました。今、母が少しボケ始め
て来ました。以前は、バリバリ仕事をしていましたが、父を亡くし家にこも
りがちになり、どんどん物事を忘れがちになって来ました。そんななか、私
もいろんな本を読みました。そして、人とのかかわりの大切さを知りました。
アルツハイマーも、人とのかかわりで治っていくことも知りました。昨日も、
母と話しましたが、人と人とのかかわりが大切と実感しています。先程の小
森代表が本を紹介された時、一気に目次を読みましたが、ビバがテーマにし
ているのは、まさにそれですね！

　ここに来て、もくもくとトレーニングする人もいますが、もしこの空間に
誰もいなかったら、何も出来ないかも知れませんね！笑顔でふれ合うことが、
その人の生きがい・健康に結びつくことをひしひしと感じています。

　佐野

　先月の学生スタッフとは異なり、今日の皆さんはいろんな各自の人生的
なドラマを背負っていて、ここにかかわっておられ、そのなかで"働きがい"
"生きがい"を見つけておられます。その"生きがい"は、共通点もあれば、
異なるところもあるでしょう。それが、社会人の立場で大きな違いかもしれ
ませんね！自分なりの生きがいを創っておられる思いが、伝わってきました。
小森代表は聞いていていかがでしたか？

　小森

　皆さんのお話しを伺っていて、改めて皆さんそれぞれの人生のなかで、ビ

バの仕事を通しての"働きがい""生きがい"を聞かせていただいた思いです。まさに、一人ひとりの思いのなかに、静かな感動をさせていただきました。大谷くんが先程も言っておりましたが、ビバ南草津を日本一のクラブにしたいという思いです。それは、スタッフが生きがいを育み合い、スタッフが輝いている倶楽部創りをしていくことにあると思っています。佐野先生がいつもおっしゃっておられるスタッフの働きがい・生きがいと会員さんの生きがいを育み合う所だと思います。スタッフとして、生きがいをもって働けるビバがあって、いろんな事情をかかえてここに来られる会員さんのビバがあるのだと思います。誰もが一度しかない人生のなかで、愉しく生きている環境になればと思っています。これからも益々そうした倶楽部創りをしていきたいと思いました。

佐野

まさに、"生かされ活きる倶楽部創り"だと思います。皆さん一人ひとりのドラマが生かされ合い、新しいドラマが活きていくことだと思います。それを会員さんと共に育み合うのです。少し学生スタッフとは、異なるお話し合いになったと思います。ありがとうございました！

全員

ありがとうございました！

司会者（田中）

後ろにいる学生スタッフの感想を聞いてみてみましょう。

坂口

一人ひとりの人生的な背景があり、繋がっていくことが、全く異なっていて、何か壮大だなあと聞いていました。私達もこれから社会人になった時、そうしたことを語れるような人生にしていきたいと思いました。

原口

そうですね！やはりバックグラウンドをもっておられることを感じました。ビバでの仕事をそうした人達と一緒に出来、いい人間関係で学ばさせていることに、改めて感謝したいと思います。

司会（田中）

今日も活発な意見をいただきありがとうございました。実は、この合同ミーティングが、主催者側の一方的な伝える場であっては、何も伝わりませんし、感動もありません！

やはり、自らの意識で参画していただいてこそ、有意義な一時となるのです。実は、このことに気づかしてくれ、学ばさせていただいたのが、佐野先生です。今日は、佐野先生に感謝の拍手をお送りしたいと思います。

全員で拍手*!!*

小森

今日の田中さんの司会もすばらしかったですね！又、来年もこの合同ミーティングで自己実現し合って、愉しみましょう！この思いは、きっと会員さんにも伝わっていくことでしょう！来年も愉しんで"生きがい"を育み合いましょう！

第 5 章 成果・反響の声の一部紹介
―保護者・会員との感動の共有エピソード・レポートより―

子ども・保護者・会員の人生的な学び・喜びへ

保護者・会員自らの感動の声が届く

　クラブ再創造2年間の歩み（協働・共創・共有・共感）の成果・無限な広がり ～保護者・会員からのエピソード・レポートが続々（数百枚）提出される（保護者・会員が実証）～

ビバグループ保護者・会員

　次に紹介するのは、クラブを新生し、10か月を過ぎた時に、保護者・会員からエピソード・レポートを募集し、手書きによって提出していただいたものをそのまま抜粋して紹介します。水中活動倶楽部は、幼児会員の保護者に書いていただいたものです。活力生活倶楽部（以前のフィットネスクラブ）は、会員に書いていただいたものです。

水中活動倶楽部エピソード ―保護者の気づき・学び―

　今までは、どちらかと言うと、保護者が子どもをプールに連れていると言った「習い事」観（感）が、強かったように思います。

　しかし、スタッフの1年間の学び合いから始めた保護者との「水中活動倶楽部」創りによって、全てが変わったのです。

　それは、幼児期に大切な子ども自らの興味・欲求・表現・協調性からの水・仲間との原体験・活力を育み合う環境創り志向なのです。まさに、保護者・スタッフの共有テキスト「生命（いのち）の本源から育む子どもの活力」と子ども達からの学び合いとが結びついた「共同子育て」エピソードになったのです。

1．水はおともだち ～水との原体験が活力を育む～

・プールに行くのが愉しみみたいで、「今日プール？」と週3ぐらいで聞いてきます

（笑）お風呂での水かけが前よりできるようになりました。

- 動きまわるのが好きなので、プールでジャンプしたり潜ったりしている姿は本当に愉しそうです。もちろん、その日の夜はよく寝ます‼

- 体調が悪くても、スイミングは行きたいと言います。水中活動中、顔がイキイキしています。

- 週1回のプールが愉しみでカゼをひいた時でも行きたいぐらい愉しみでいます。自由に自分のペースで水中活動しながら学ぶ愉しさが気に入っています。

- お風呂でもゴーグルや水の中をのぞく箱（川遊び用）などでよく遊んでいます。

- ビバの体験から、ずっとプールに通いたがっていただけに、何するよりも1番、水に入っている時がイキイキして見えます。家のお風呂でもぐって見せてくれたり、お風呂でもゴーグルが必須です。

- 幼稚園以外の先生やお友達とプールで活動する事で、子どもの視野も広がってると感じる。

- 自ら顔に水をかけてとお願いしてくるようになりました。

- 金曜日はスイミング！と毎週愉しみにしています。水中活動に変わってから、スイミングの後に昼寝をするようになりましたが、今はさらに体力がついて昼寝もしなくなりました。

- 水中活動にもなれてきたのか、今迄以上に動きまわり、その日の夕食はとってもたくさん食べます。1週間で見ても、ご飯をよく食べるようになりました。

- 水中活動倶楽部が始まる前から、順番を待つのがもどかしい様で、「もっと水の中に入っていたい！」という気持ちが強い子でしたが、この水中活動倶楽部がはじまって、まさに水を得た魚のように愉しそうにず〜っと泳いで、水中活動しています。本当に愉しそうです。

2. なんでもやってみよう 〜興味・欲求から活動を育む〜

- 「逆上がりがしたい」「飛び箱の練習がしたい」など、お姉ちゃんがやっている事を一緒にやる様になった。

107

- 最初はそうでもなかったのに、最近では体操の曲をかけるお手伝いをすごくしたがっています。
- 母親からはなれての初めての習い事でしたが、"愉しくプールに入れる"ことが自信になっているようです。
- 洗濯物が終わったらプールの用意を自分でしている。
- 最近、同級生のお友達のお母さんから活発になってきたねと言われました。
- プールで全身を使う機会が増えたからか、走ったり・ボールを投げてたりするのが上手くなった。
- 部屋の掃除やお皿洗いをしたがるようになりました。
- 外出するとすぐに「疲れた、抱っこ」と言っていましたが、体力が付いてきたのか、「疲れた」と言いながらも歩けるようになりました。
- 少し喘息を持っていたのですが、プールに通う事で咳が少なくなり、風邪をひく頻度が減り食事量が増えた。
- 保育所で相撲をしたとき、強かったと先生に言われました。プールのおかげで足腰が強くなったのだと思います。運動会の登り棒も早かったです。
- プールで出来ることが自信につながり、生活の上でも出来ないことに取り組むようになったと思う。また、体力も少しずつ付いてきて、それも行動への助けになっていると思う。

3．たのしくやろう 〜愉しみながら自立・自力を育む〜

- 今まですぐにできないとあきらめていたのが、「自分でする」ってチャレンジするようになりました。
- 体を動かすことがたのしくなって来た様で、かけっこやおにごっこをしたがるようになってきました。外で遊ぶ事が増えました。
- 2歳の頃からスイミングを習っていますが、5歳になる今までプール前の体操を1度も1人でしたことがありませんでしたが、ようやくつい最近になって体操をするようになり、大きな成長を感じています。

- 繰り返しチャレンジするようになりました。
- プールであった事をパパにはもちろん、幼稚園の先生に迄話しています。プールでも同じクラスのお友達が先に出来る様になった事が、自分には出来ないと「悔しい」という気持ちがある様で、お風呂で練習するようになってきています。
- 一人っ子なので家では「やって〜、手伝って〜」という事がありますが、プールでは片付けもすすんでやっているようで、しっかりしているように見えます。
- 自分なりの方法で泳げるようになり、そのことが自信につながっているようです。
- プールでの活動で1つ1つ出来る様になったことは日常生活に大きな自信となっています。きっかけを作って下さってありがとうございます。
- 陸上での体操運動は、身体の動かし方など理解することが苦手なんですが、プールだと自由に体を動かせるので、自信を持って活動していると思う。プールで今日はこれができたよとか家で時々言います。
- 人の動作をまねるのが苦手なのですが、プール前の体操が大好きで家でもよくやっています。もう少し自信を持ってできるようになればみんなの輪に入ってできるのかな・・・と思っています。

4．おともだちとなかよし 〜仲間と表現力・協調性を育む〜

- 年下の子に折り紙を教えているところを見たことがあります。一つ一つ丁寧に、時々手伝ってあげながらやさしく教えてあげていました。最後には「上手にできたね」と相手をほめていました。
- 人見知りが少なくなりました。
- お友達と仲良く遊べるようになった。
- 1人遊びが多かったけど、友達と遊ぶ事が増えた。
- 思ったことをキチンと言えるようになってきたと思います。
- 年下の子と遊ぶ事が多く、色々ガマンさせていたので周りの大人の目を気にすることがあったのですが、それがなくなったように思えます。めいっぱい水中活動ができて愉しそうです。

- プール後のお着替えの時にプールのお友達とのお菓子交換が愉しみみたいです。他の幼稚園や保育園のお友達ですが、仲良くてこちらもうれしいです。
- 自分の意見をお友達に話せるようになっています。
- すごくはずかしがり屋だったのが、いつの間にかお調子者になっています。
- 幼稚園生活でも、お友達の名前が以前よりも多くなったと思う。
- 初めて会う人に話しかけられた時、今迄はあまり話せなかったが、自分から積極的に話せるようになった。幼稚園でも、ずいぶん活発になったと先生から聞いています。年下の子のお世話も張り切っているようです。

5．ママ・パパと先生はおともだち 〜保護者・スタッフとの「共同子育て」〜

- 子どもの様子はみていますが、細かい事などコーチとお話し出来るので、子どもの事が詳しくわかってうれしいです。
- 最初水がこわくていやがっていたが、だんだん出来る事がふえて、プールサイドでの話をコーチが教えてくれるので、親が愉しいです。
- 毎回、進歩が見られるのを愉しみにしています。
- ビバのスタッフやコーチ達にはすっかり慣れ、親がいなくても頼りに出来る存在として安心して接しているようです。いつもありがとうございます。
- 娘もスタッフ、コーチの皆様と会話を愉しみにしています。体操教室とプールで週2回通っているので、顔なじみのスタッフの方とお話しするのがうれしいみたいです。これからもよろしくお願いします。
- 小さな頃からお世話になっているので、子どもの性格もわかってもらっているし、安心してお任せしています。一時期泣いて嫌がることもあり、私が心折れそうになった時もありましたが、ここまで続けてこられたのはコーチのおかげだと心底思っています。
- 子どもの成長、水中活動を間近で見る事ができ、いつも愉しみにしています。
- 奥野コーチ、池田コーチといつもふざけたりしていますが、本人は一緒に活動で

きることをとても愉しみにしています。

- お兄ちゃん（6年生）が3歳の頃からビバの皆様にはお世話になっていて信頼しきっているので、本当にお任せの状態です。子どもたちの事をいろいろと考えてやって下さるので、ありがたいなーといつも感じています。基本的にビバのスタッフ・コーチの皆様の「子どもの為にー」のスタンスは水中活動の前から変わっていないと思います。ただ、今は子ども達がそれぞれ自由に泳ぐので、それを見守るコーチは大変だろうなと思います。

- ビバ以外にも、就学に向けて保護者同士で話をできるようになりました。

- 先生が親にも沢山話しかけているのでびっくり。子どもの泳ぎをみるだけでも大変なのに親とも積極的にコミュニケーションをとっていてすごいと思う。

- いつも温かく子ども達一人一人を大事にしてくれている気持ちがとっても伝わってきています。応援してくれている人が身近にいてくれることは、子育てにおいて非常に心強いです！ありがとうございます。

- コーチに対して、本来の姿で接することができるようになり、驚いています。以前はどちらかと言えば猫をかぶっていましたが、今では色んなコーチに甘えたり、自分から話せるようになりました。

- プールは金曜日ですが、月曜日からすでにプールに行く日を愉しみにしていて指折り数えて過ごしています。月曜日のお決まりの会話で「明日何曜日？」「火曜日」「その次は？」「水曜日」「その次は？」「木曜日」「じゃあその次はなんとなんとぉ金曜日だー！スイミング行くー！」と毎週言っています。

- ぴばっこキッズ、内容を聞いただけでは「ただ遊ぶだけでは？」「級が上がっていくわけではないのでなんとなくもったいない!?」と思ってしまうこともあると思います。しかし、スタッフの方々が既存のスイミングの考え方から脱却を試みて試行錯誤しており、コンセプトを立てて愉しみながら活動しているので得られるものは数字で与えられる級とは違うなと感じています。子どもが「愉しい！もっと活動したい！泳げるようになりたい！」と思える環境をつくりあげ、小学生までの期間愉しく通ってもらえたらそれが一番です。

- コーチとの会話がいつも愉しくて、毎週話を聞くのが愉しみです。子どもたちの

姿をプールサイドから見てて、大好きなコーチと愉しく過ごしているのを見ているととても微笑ましく思います。

- 他の習い事に比べて、保護者同士で話す機会が多いように思います。
- 上の子の時に習わせていたスイミングでは、更衣室まで送ったらあとはガラス越しに見ているだけでコーチと話す機会がなく、活動中の様子が見えにくかったのですが、ビバはコーチとの距離が近くまたプールサイドまで入れることで、子どものコーチとの関係性がよく分かって見ていて安心できます。
- 1歳から保育園に行っていると「鍛えられるでしょう」とよく言われますが、クラス替えもなく先生もよく知る方ばかりなので、ビバに通ってはじめての子は「初めての世界」に飛び込むという経験をしました。色々な子と接しておられるコーチ方に相談することで、子どもではなく親が成長させてもらうことができました。
- 他のスイミングスクールでは、プールサイドでの見学はあり得ないと思うので、毎回愉しく見学しています。子どもたちの愉しそうな姿が間近で見られて微笑ましいです。
- スイミングがお休みの日はとてもがっかりしています。行くのを愉しみにして、1週間頑張っているようです。
- 元旦の朝、1年の目標を尋ねると「泳げるようになる！」と即答してくれました。レッスン中、何をするにも慎重しすぎてもどかしい思いをすることが多々ありますが、長い目で見守ってやろうと思いました。
- プールに通って約1年でぜんそくがマシになり、今では薬を飲まず元気に過ごしています。
- 「一人で遊ぶのもいいけど、友達とかみんなで遊ぶ方がもっと愉しいで！」と子どもが話していました。
- 以前はシャワーが嫌。もぐるのも嫌。と色々言っていましたが、自分の好きなことができるのでとても愉しそうにしています。
- 活動量が多いので、色々発散できているように思えます。体力もついてきました。
- 食事の準備や片づけなどを手伝ってくれるようになりました。

- コーチが1人1人に合わせ、色々と考えてくださるので助かります。性格や特徴に合わせて、接して下さるのでありがたいです。
- 水中活動をしていない子たちの前で、自慢げに話しているのでプールに通っていることが自信につながっているので愉しいのだと思います。
- 知らないお友達とも一緒にプールに入っているうちに仲良く活動できるようになってきた。
- 泳ぐということに対してとても興味を持ち始めています。どうしたら上手に前に進めるのかなど自分なりに色々考え、試しているようです。
- お友達がチャレンジしていることに自分もやってみよう！と思う気持ちができた。

活力生活倶楽部 ―会員の倶楽部ライフエピソード―

今まではどちらかと言うと、世間的な固定観念が強くあったこともあり、フィットネスクラブは身体を「鍛える」観（感）のみ1人走りしたように思います。

しかし、スタッフの1年間の学び合いから始めた会員との「活力生活倶楽部」創りによって、少しずつ変化してきました。

それは、活力を育み合うことをテーマにした生活・愉しみ・生きがい・自己実現「生かされ活きる観（感）」志向からの居場所・倶楽部創りです。まさに、会員・スタッフとの共有テキスト「フィットネスクラブ革命」の学び合いの学習・座談会での声「こんな倶楽部に変わってほしい！」「待ってました！」の大きな賛同と、倶楽部ライフとが結びついたエピソードになったのです。

1、健康な身体へ 〜ダイエットから、生涯の健康づくりへ〜

- 一病息災と古来から云われ、休を労う事すなわち休養と考えていたが、VIVAに入会して考えが大きく変わりました。適度の運動と知人・友人との談話をする事で、より健全な日常が過ごせるようになりました。
- ダイエットの目標がいつのまにか自己の挑戦みたいになってきた。

- 私は会社を退職して27年ビバにお世話になっています。思うようにダイエットには到りませんが生きがいです。一人暮らしなもので高齢（84歳）ですが愉しく週5回は行っています。お陰様で健康です。
- 元気に通える事が精神にも肉体にも良いと思っております。病気をしたので皆さんに会えるのが嬉しいです。
- ビバに通って15年余りが過ぎました。元気に来れる間は続けたいと思います。感謝です。
- VIVAでの運動は今では生活の一部になっています。
- 「筋力アップ」の目的が「たのしんで筋力アップ」に変わりました。
- 生活のリズムの基礎になっている。
- 運動だけでなく、食生活の情報交換等、食事会・旅行等も愉しんでいます。
- 人との出会いも大切にしながら、日々健康でいられる事を大切にしています。
- ここ10年体重の変動ないのもVIVA通いを日課にしているお陰かも…。「生涯ず〜と続けたい」が目標です。
- 老化を遅らせるのを目標にしています。
- 定期健診が愉しみになってきた。
- 現状維持が目標です。一年が経過すると、一才若返ったと自分で納得する事にしている。
- 倶楽部に通えるようになってから友人が出来喜んで運動しています。
- 減量の目標が達成でき、食生活等に気を使い出した。

2、心安らぐひとときを 〜「家庭」「職場」に次ぐ、「地域」の居場所に〜

- 皆さんと顔を合わせてあいさつしたり練習のアドバイスをもらったりとても愉しいひとときです。
- お友達になった人との顔を合わせるのが愉しみです。
- 朝行くと受付の方やスタッフの方が笑顔であいさつをしてくださるので気分がい

いです。

- スタッフの方との挨拶やなにげない会話が愉しみの一つです。
- スタッフの方にすすめられたレッスンで仲良くなった方との会話でもっと行こうという気持ちになりました。
- 「初めまして～」という会員さんにしても、ちょっとした質問がきっかけで仲良くなれますし、スタッフの方とも友達のように話せるようになりました。
- 知らない人でも気軽に声をかけてくれるのでうれしい。
- プールで「奥さんは明るいね」と言われ「家では暗いのよ」と言うと「家では省エネでっか！」ですって。
- 家の近隣での交流よりも、倶楽部での会員さんとの交流（会話）の方が多くなってきた。
- 会話をする会員数が多くなってきた。
- 地域の居場所の一つ、多様性と機会が拡大。
- 皆さんと顔を合わせてあいさつしたりアドバイスをもらったり、とても愉しいひとときです。
- 挨拶はどなたにでもしています。いつも顔を合わせていると名前は知らないが会話をする様になってきた。
- 受付のカウンターに行くのが、愉しみです。
- 入会してすぐに年配の方とお話する事がありました。わからない事を親切に教えて頂きとても嬉しかったです。今もお会いするとお話をして下さり愉しい時間を過ごしています。
- 家とは違う空間を愉しみにしています。一人では続かない運動もなんとか出来ています。
- サウナでの出会い・愉しみ。
- 名前は知らないけど、ハイキングや忘年会等のイベントを通じて顔見知りになった会員さんと挨拶や会話をするようになりました。
- 会員さんと一人でも多くおしゃべりをし、心地よさが出てきた。
- 来るのが愉しみになっています。すごく家庭的で落ち着いた気分になります。

3、愉しい学びを ～さまざまな出会い・ふれあい・体験から学ぶ～

- 情報交換の場として役立っています。
- もっとお話ししてみたいと思う方が多くおられます。おいおいとお話出来る事を願っています。
- 数日振りに再会した VIVA 友と談笑する愉しみが出来、嬉しいです。情報交換も充実してきました。
- 子どもの学校の親同士で視点が一緒なので、ここでは世代が違うだけに、勉強になるしタフにもなれる。
- サウナやジャグジーの中でレシピ等教えてもらっています。
- いろいろな人の家庭が見えて勉強になります。
- 午前中に行くと年長者の方々と接する機会が多く、日々の会話の中に学ぶことがたくさんあると実感しています。
- 年齢を問わずいろんな人とお話ができるのが愉しい。
- 親しい会員さんたちから健康のアドバイスを始めその時々で、子どもの結婚・親の介護・空家の整理に至ってまで体験からの話しが聞けて色々と参考になった。落着いたら私がアドバイスしてあげられる立場になりたいと思う。
- ストレッチなどでお話をする異年代の方もいて、よい刺激になる。
- 目的をもった人、同士が集まり笑顔で学びあえるのが最高です。
- いろいろな方との愉しい交流がある半面、人間関係が難しいと思う事もありました。
- 自分の知らない業種の経験者との会話から得るものが多い。
- どちらかと言えば一人で本を読んだりあまり外へ出ないので人と話す機会がなかった。ビバに行くようになって生活が変化し愉しんでいます。
- 私の生活区域内では出会う事の無い方と出会って、よく似た環境に共感して色々な話が聞ける時があります。
- イベントに参加できないが、皆さんが愉しまれている姿を見るのは活気があって

うれしいです。

- 倶楽部で知り合って一緒にゴルフに行くようになった。倶楽部でしか逢えない人も多い、愉しい。
- 他の会員さんの趣味や愉しみを会話を通じて自分の今後の人生に役立てる機会が増えた。
- 様々な年代の方との会話は新しい発見があります。
- 色々な人と話をする中で、私自身の知らない情報を知る事で、大変勉強になる事もある。
- 人との繋がりから新しい発想がうかぶ様になってきた。

4、新しい生きがい 〜スポーツ・文化・パーティ・旅行・地域参画等々〜

- 自彊術が好きなので、勉強会や講習会をやりたいです。自彊術勉強サークル等を通じて理論面でももっと深めて勉強してみたいです。
- 仲間と旅行したり食事をしたりうれしい限りです。
- 最近ビバでのイベント・サークルが生まれつつあるので、少しずつでも参加していきたいと思っている。
- 倶楽部への参画が生活の一部になりつつあるように思う。
- この間の新年会がきっかけで、声をかけてくれる関係へとなりました。もともと人見知りの私にとってありがたいイベントとなりました。
- 仕事をしているのであまり時間がないが、いろいろな企画計画を見るだけでも愉しい。
- 6年くらい前から15・6人の仲間でゴルフ同好会を愉しんでいる。年60回位のラウンドを今年も続けたい。
- 運動だけでなく、食生活の情報交換等、食事会・旅行もたのしんでいます。
- ビバでの時間が完全に自分の生活サイクルに組み込まれ1週間以上のインターバルがあると生活に張りが無くなるようになってきた。

・ゴルフ・パソコン・カラオケの話題が増した。

・スポーツを通じて、家にいるのではなく色々な行事に参加する様になりました。

・登山をする仲間やランチ・ディナー・宴会をする友人が増え、愉しいです。

・現在、陶芸・盆栽・詩吟・オカリナ・カラオケと色々な事をしているが、更に新しいものに取り組んでみたい。

・同年代の方もおられるので、私も無理をしない程度に続けて行こうと思います。

5、理想の自分へ ～生かされ活きる、活力ある人生へ～

・健康のために VIVA に入会し、次の新しい友人を得る事が出来た。更に VIVA に通う事で生活のリズムができた。

・5年先の自分、10年先の自分っていう目標になれるような先輩方が周りにいるので、前を向いて歩いていきたい。

・体がやわらかくなると心までしなやかになると思いました。地域活動や私生活でもよく動けるようになりました。気持ちが前向きになりとてもよかったです。

・生活にメリハリが出来てとても良い。

・今までとは全く違う多くの方々と顔見知りになり笑う事が増えています。将来「生きがい」だと思うようになれば最高です。

・トレーニングだけを目的にしていましたが、健康にも気配りしようと思います。

・家族全員が元気であることを願い、通える限り通いたいと思っています。

・元気で通える事に喜びを感じ元気に生んでくれた親に感謝です。長く続けて行きたいと願っています。

・倶楽部に通う為に日常の時間を計画的に使うよう心がけている。結果、毎日忙しくはあるがハリのある生活である。

・生活の一部と思っている。

・第2の人生の交流の場の1つとして継続。メインは健康管理の場。

・「笑う角には福来たる」と言う言葉が大好きです。笑顔になると考え方もプラス思考になれる気がします。話しをした事がない方も同じビバ仲間、笑顔で挨拶を

118

して少しずつでも輪を広げたいです。身体も心も健康目指してビバに通います。

・自分の愉しみなんて考えた事もなく30年が過ぎ去りました。がビバに来て沢山
の方々と知り合い、花の作り方・スタジオレッスンの愉しさ、ゆったりとした生
活をしていらっしゃる方の話しをそっと聞いたり、年上の方々の愉しい経験話を
おしえてもらったり…。力一杯働き続けられたこの身体をくれた両親にとても感
謝しています。

・自分の生活が TOTAL として活気的になりました。

・普段、大笑いなんてあまりしないけど、ビバへ行ってスタッフ・会員さんとたわ
いない話をして笑ったり、イベントに参加して笑ったり、ビバへ行ったら笑って
いるような感じがします。

第6章　ドキュメントが証すクラブ再創造への礎
　―生かされ活きるファシリテーション・ワークショップ―

スタッフの愉しい学び合いが再創造のはじまりの一歩

佐野豪のファシリテーション・ワークショップが世界的キーワードと結びつく

　これらは、ひとつの大きなドキュメンタリーの流れと共に、ありのままの紹介です。

　そのドキュメンタリー全ての"礎"になっているのが、スタッフとの協働・共創的な佐野豪の"ファシリテーション・ワークショップ"型"毎月の合同ミーティング"です。そのドキュメントの公開・解明が6章になり、本書のメインテーマになります。

　それを紹介する前に、小森氏が"証"的に語っていただいたふたつのキーワードを解説し再確認しておきましょう。

　それらは経営論で有名になったフィリップ・コトラーの"マーケティング3.0""マーケティング4.0"の話と、"ハーバード大学のマイケル・サンデル教授の授業展開"のふたつの話題と、私のファシリテーション・ワークショップとが結びついている話です。

　まず、"マーケティング1.0"から"マーケティング3.0""マーケティング4.0"への必然的な流れと、私の40年のクラブ新生提言とが結びついている話題です。要約すると次のような業界の流れに結びつくことから解説しましょう。

　業界的に眺めると、ビジネス視点でマニュアルをハード・ソフト共にセットし、模倣ごっこのなかで全国展開したことが、"マーケティング1.0"（製品中心）になります。

　そして、それだけではいけないと、サービス・マインドなるものを、表面的にのみ、同じくマニュアル的に追及してきたのです。それが、"お客様の神様視""接遇マニュアル""おもてなしの心"…などが結びつき、どんど

ん消費者への表面的なサービスを具現化していったのが、"マーケティング2.0"（消費者志向）なのです。

それが、ますますお客さん（本来は会員さん）の消費者意識を高めることになり、目先的なクレーム感を高めたり、結果的に、早期退会への歩みに結びついていったのです。

それに対して、私の数十年間提言してきたことは、「生かされ活きる」倶楽部会員との"価値観（感）の共有・共感"なのです。つまり、消費者としての"お客様視"の表面的な迎合から発想転換し、会員として倶楽部ライフの主人公として、会員とスタッフの価値観の共有・共創・共感なのです。

そして、私の長年提言してきた歩みと、生活提案型・創造事業（日本ビジネスレポート（株））から論文執筆依頼のあった）提言とも結びついているのです。まさに、私が長年提言してきたスタッフ同士・会員とスタッフそして会員同士の協働・共創こそ、"マーケティング3.0（価値主導・共創)"の考え方なのです。それは、必然的な流れでもありました。

この話題は、小森氏の気づき的解明にて、数十年間先取りしてきた、私の提言の歩みに対して、再確認させていただくことになったのです。その後のコトラーの"マーケティング4.0（自己実現)"のテーマも、まさに次から次へと私のこの業界への提言と結びついていたのです。

もうひとつの話題は、全国的に有名になっているハーバード大学のマイケル・サンデル教授の"対話による授業"と私の"ファシリテーション・ワークショップ"展開の共通点でした。それは、私の30数年間の大学授業展開における学び方と生きがいを結んだ"対話による二方通行授業"との共通点です。

それはまさに、私の授業への"フィロソフィー＆メソッド"に共通しているところがあったのです。全国のほとんどの先生方が、"やらない！""や

れない！”授業に対して、学生達が、“佐野先生のような授業は4年間で初めて！”…と感動的に言っていました。

　私は、その延長線上に、各クラブでスタッフとの愉しい“ファシリテーション”を展開しているだけのことを、小森氏がマイケル・サンデル教授の授業展開と重ね合わせて感動していただいたのかもしれません。

　こうした視点から考えると、私の“ファシリテーション・ワークショップ”は、スタッフ一人ひとりの“新しい働きがい・生きがいへの創造”と倶楽部の“新しい使命と誇り”への協働・共創とが結びついていると言えるでしょう。

　その共創への流れの実際を、ドキュメンタリー紹介していきましょう。

　このドキュメンタリーは、クラブ新生発表までの私とのファシリテーション・ワークショップの歩みの実際です。この歩みは、私との全国の各クラブ新生への歩みの平均的な展開と言えます。

　本来、この歩みは、“企業・事業秘密”とされ、内密的な扱いにされることかも知れません。しかし、セミナー参画者の多くの方が、この歩みに対して“本質的な学びが必要”と理解していただくことが出来ましたが、何からどのように始めたらいいのか、さっぱり分からないという声が多くありました。つまり、私はクラブ新生へのイメージが出来ない本音を感じたのです。

　そんな、本音的な声を聞き、具体的な“イメージ”をしていただけたらと、公開することにしました。これは、私のライフワーク集大成としてできることで、ハウツーとして模倣されると逆効果になることもあるので、警鐘しておきましょう。

　そんな背景も考慮していただき、愉しいクラブ創りへの“イメージ”創りの参考にして下さい。

クラブ新生への月例ミーティング（1年間の歩み）の公開と解明

第一回

① プロフィール紹介から、スタッフの自由な語り合いへ

まず、代表的立場の人（今回は小森代表）から、"クラブ新生への歩み始めの思い"を語っていただきます。それは、その歩みへの実現のために、私を顧問アドバイザーとしてお願いし、ファシリテーターとして、合同ミーティング再構築から、本物志向の倶楽部創りを皆さんと共に歩んで行きたいという思いです。そうした解説から、取り合えず私へのバトンタッチとなります。そして、第一回の合同ミーティングは、研修会・勉強会的な位置づけで始まります。

まず、私の自己紹介を兼ねた、人生的な歩み・ライフワークの歩みを中心としたワークショップに入っていきます。内容は、子ども時代の生き方・両親の後ろ姿・青少年活動・ボランティア活動から始まり、ライフワークの創造・この業界とのかかわりまでの経緯を話します。その内容は、業界紙（誌）・いろんな拙書にもふれていますので、ここでは省略します。

どのクラブも、この第一回のワークショップが、感動的なスタッフ一人ひとりとの出会いになっていきます。

ビバグループの枚方でも、涙しながら"これから会社・クラブが変わっていくのですね！""スピードアップして変われそうです！"…。と語ってきたスタッフもいました。

10のファシリテーション・テーマ

（1）私の"ライフワークの一貫性"を知っていただくため。

（2）私が自ら"心"を開くことから、スタッフ一人ひとりの"本音"を語りやすくしていただくため。

（3）幅広いテーマで提言してきたことの集大成として、示唆・発信してきたことへの"証"として、理解していただくため。

（4）目先的・テクニックとして、右から左へ伝えるといった目先的・模倣的なコンサルタントではない"証"として。

（5）スタッフの皆さんが建前的なミーティングから、本音的に語り合うミーティング展開への糸口にしていただきたい思いで。

（6）これからの本質的な学びは、いろんな分野に繋がっている予感的なものを感じていただくため。

（7）スタッフ一人ひとりの興味や現在の思いを自己表現していただく導入として。

（8）スタッフの異年代・異分野体験者が、幅広いテーマから共通したテーマを見つけていただくため。

（9）私が、いろんな分野にかかわってきたことと結びついている実際の解説として。

（10）プロフィール紹介感想を自由に述べていただき、一人ひとりの思いとの共通点を共有していくため。

---

② 拙著実物の紹介から、幅広い"学び観"へ

　私のプロフィールに欠かせないのは、先にも紹介しましたが、大学での学生とのふれ合いがあります。分野も、幼児・児童教育に始まり体育・福祉・環境・人間文化…といろいろです。立場も専任教員の話のあるなか、非常勤講師・客員教授・特任教授・特別講師といろいろでした。学生達はこん

な授業始めてと、二方通行対話授業に、感動してくれたこと等も紹介します。

そうした学生とのユニークな三十年のふれ合い・対話授業と共に、大きな足跡になっているのが、講演と共にグローバルな執筆活動です。それは、八十冊の著作を始め、専門的論文・業界紙（誌）への長年のレギュラー執筆…といろいろでした。特に拙著は、具体的な形のあるものであるため、会場に展示するようにしていただきます。それは、目に見える形でのプロフィール紹介ということになるからです。つまり、必要とされるテーマを、一冊ずつ本にしてきたら、結果的にいろんな分野のテーマの示唆本になっていったことを理解していただきたいのです。拙著のなかには、いろんな"一人歩き"をした本があります。一部紹介すると、分野的にベストセラーになった本、子どものためのシリーズ書になった本、文科省の施策動向を先取りした本、視覚障害者のためのテープ本になった本、介護福祉士の国家試験に結びつけた本、日本の保育園・幼稚園の大変革を願った本、全国学校図書館選定書になった本、いまだに中学校の教科書に引用されている本、日本に新しい言葉を広げた書籍、新聞・雑誌・テレビ等で話題となった本…といろいろです。もちろん、この業界のパイオニア的手引き・示唆になった本。業界への変革・新生提言のシリーズも含めて、業界変革提言の第一人者になった歩みも拙著から紹介していきます。

全部は紹介出来ませんでしたが、一部の本を一冊一冊そうした視点・広

がりの解説を加えて紹介していきます。

全くの余談ですが、一例をあげると十数冊の雑誌・週刊誌等で話題となった「結婚したい男の見方」（大和書房刊）は、皆さんが大変興味をもって笑いがいっぱいになります。（ちなみにこの本は独身者に新しい夫婦観・父性・母性観に気づいていただく真面目な本です。）

どちらにしても、大学の先生方が、拙著の分野の広さに驚きを隠せず、"学際的なテーマをされているのですが？"と言った生の声を紹介します。さらに、生涯教育・学習のテーマ・分野の広さ・一貫性をも解説していきます。

10のファシリテーション・テーマ

（1）全八十冊全てが、何らかの問題意識から、"使命と誇り"感をもって執筆してきた、過程を理解していただく。
（2）大学教員の"業績作り・報告"のためではなく、自らの足跡と使命とを結びつけて執筆してきたことの解説として。
（3）拙著の実物を並べて、立体的視覚から私の人生的・ライフワークを知っていただくために。
（4）分野別代表的な本を例にして、公刊への思い、反響等…を知っていただく。

（5）いろんな分野の人との出会い・ふれ合いへの"感謝"の気持ちと共に。

（6）拙著を見たことのある、読んだことのある出会いから、拙著・著書をより身近に感じていただく思いで。

（7）本は、一冊一冊一人歩きをし、無限な広がりを創る可能性を知っていただく。

（8）本のふれ合い方・読み方を学んでいただく。

（9）会員・保護者との"学び・気づき"の共有には、"活字"がいかに大切かを学んでいただく。

（10）今後、スタッフの興味ある方への一読のきっかけ創りの場として。

佐野豪先生のファシリテーション・ワークショップ・同席エピソード（小森敏史）

これがミーティング？初めての体験

　佐野先生との初めてのミーティングは、スタッフにとって、これまで体験したことのない本音の語り合いの場となりました。これまでのミーティングは、社員からパート・アルバイトスタッフへの業務連絡や、知識や技術の習得を目的とした勉強会が中心で、参加者全員が思いを語り合うミーティングは、初めてのことでした。

　ミーティングが始まってすぐは、やや警戒しているスタッフもいましたが、佐野先生から各スタッフのプロフィールにからめたお話や、佐野先生自身のライフワークのお話へと展開していくと、皆真剣な表情になっていきました。そして、あるベテランスタッフは、マンネリ化への問題意識と共に「変わりたい！」「こんなミーティングを待っていました！」と涙ながらに話してくれました。皆、最後には「これからが愉しみです！」と口々に語り、今後への期待感が高まる感動のミーティングになりました。

第二回

> ### ①パートスタッフと社員との "本音的ディスカッション" の体験導入へ

どのクラブを見ても、共通したものがあります。それは、スタッフ同士が自ら愉しんで話し合う場が、ほとんどないことです。特にミーティングと言えば、上意下達的な雰囲気のもとに数字的・実務的に、毎月坦々と行っていることが多いのが現実です。そして、その議題・話題の一部が、社員からパートスタッフの伝達ミーティングに繋がっていくのです。こうした流れは、トップダウン的背景を隠しきれないのが多くの実情でしょう。

私の願っているのはスタッフ同士が生かされ活きるミーティングです。つまり、スタッフ一人ひとりの働きがい・生きがいにも結びつく活力を育み合うミーティングなのです。世間的には、それを "ボトムアップ" と言われています。私の願っているのは、全く逆の流れとしてではなく、経営者・社員・パートスタッフがそれぞれの立場で生かされ活きながら倶楽部創りを "共創" していくことをテーマにすることにあります。

その導入として、自由に語り合うことの愉しさで、お互いに生かされ活きながら、一緒に考えていくことへの体験です。そのためには、皆さんが語りやすい人数のグループ・タイムとします。そして、直接的・間接的に仕事と結びついたテーマをさけて、出来るだけ客観的に同じ立場で、話し合えるテーマにすることが、キーポイントになって来ます。

例えば、今の子ども達・家庭・子育て・大人のレジャー観・高齢者の愉しみ…といったテーマから入っていきます。

するとお互いに、こんな愉しいミーティングは初めてとばかり、笑いと共に、

声のボリュームも高まった一時を過ごしていただくことになります。そして、全体でグループ・ディスカッションの内容を発表し合い、私がコメント的解説をしていきます。その発表からのコメントには、皆さんが聞く耳をもたれ、"真剣"にノートされていくという、"学び"へのステップに入っていくのです。結果的には経営者を含めて全スタッフの満足な一時への感想と共に、新しい人間関係と組織的な"活力"が育まれていくことになるのです。

10 のファシリテーション・テーマ

（1）愉しいグループ・ディスカッションを体験していただく。
（2）出社日・勤務時間の異なるスタッフの出会い・語らいの導入・進展の場として。
（3）パートスタッフと社員の"本音的語り合い"の体験の場として。
（4）話し方・聞き方・進行の仕方・まとめ方・展開等の体験的導入と自信の場へ。
（5）スタッフ同士の自由な語り合いから、"グループワーク"のミニ導入へ。
（6）お互いに社会人・職業人として、社会観・生活観と結びつけていく思考・考究していく場として。
（7）会員・保護者の立場から考える導入・思考トレーニングへ。
（8）倶楽部ライフ創りを対象者から考える発想転換の場へ。
（9）スタッフ同士が"心"を開き合っていく次のステップへ。
（10）リラックス観（感）・愉しみ観（感）が新たな職場創りへ結びついていくことへの気づきへ。

---

② 佐野豪の"生活創造への 17 質問"

こうした一時を体験し・過ごすと、ミーティングへは受け身的時間の過ごし方から参加・参画型へと一転し、さらに、その一時を"愉しむ"まで、進化していくことになります。

しかし、この段階では、あくまで第三者的・批判的立場で、社会的背景・

現実のみを語っていることになるのです。次に必要となるのは、スタッフ一人ひとりが当事者として仕事と結びつける必要性を感じる展開なのです。逆に言えば、いきなり子ども・保護者・会員への学びに入るのは、批判的立場を助長することになりかねないのです。

この流れがこの段階でのファシリテーションのポイントでもあります。

そこで必要なことは、第三者的批判者の立場で眺めるのではなく、自分を客観視すること、自分の生活を素直に見直すことから入っていくことです。そんな次の展開のために、私の"生活創造意識への17質問"題材に入っていきます。

これは、いろんな大学での授業の一番最初に行う"遊び心"からの"17質問"です。この質問は、いろんな対象者のサポート法を学ぶ授業の最初の教材として私が創ったものです。

まず、自分自身の生活をふり返ることから始めていただくために、創った質問であることも解説したうえで、"遊び心"で愉しくチャレンジしていただきます。

その大学生の話をしたうえで、"皆さんもやってみましょう！…"と語りかけます。そして、生活の幅広い視点・テーマと、スタッフの倶楽部ライフ・コーディネーター・サポーターへの学びの必要性とを結びつけて解説していきます。

生活創造意識への自己診断から始めよう（シミュレーション）

まず、本題の発想と具体策に入る前に、自分自身の生活視点を広げてみましょう。そのために、"生活創造意識への自己診断"から始めましょう。ここにあげるのは、拙著のなかで生涯教育・学習をテーマにした本のプロローグにもした"自己診断"です。遊び心でチャレンジして下さい。

生活創造意識への17質問と自己診断表

No. 分野	意識度
①幸福な家庭生活を送っていますか？	1 2 3 4 5
②地域社会との関わりをもっていますか？	1 2 3 4 5
③異年代とのコミュニケーションを愉しめますか？	1 2 3 4 5
④人間性・味をもとめますか？	1 2 3 4 5
⑤人間は一生学習の連続だと思えますか？	1 2 3 4 5
⑥自然との関わりを大切にしていますか？	1 2 3 4 5
⑦自然への感謝の気持ちをもっていますか？	1 2 3 4 5
⑧エコロジーライフに気を遣っていますか？	1 2 3 4 5
⑨"自由"とはとても難しいことに思えますか？	1 2 3 4 5
⑩自分の時間を大切にしていますか？	1 2 3 4 5
⑪食生活に気を遣っていますか？	1 2 3 4 5
⑫健康対策に気を遣っていますか？	1 2 3 4 5
⑬何らかの趣味をもっていますか？	1 2 3 4 5
⑭身体活動は好きですか？	1 2 3 4 5
⑮自分の性格について客観視できますか？	1 2 3 4 5
⑯生活に何か目標をもっていますか？	1 2 3 4 5
⑰自分の"生きがい"について考えたことがありますか？	1 2 3 4 5

　17質問に対する自分自身の意識度を5段階（意識の高い方が5）に分けて、自己診断表に記入（意識度に○を）してみよう。そして、その後に解説を読み、視点・創造意識を広げてみましょう。

解説コメント

①家庭生活＝ライフサイクルによってふれ合い方・付き合い方は大きく異なってくるが、夫婦・親子、この最も身近な人間関係からなる場・家庭での幸福な生活を誰もが願っている。しかし、一歩間違えると幸福感と物質的欲望観が折り重なってくるのもこの家庭生活である。

②地域社会＝コミュニティーとの関わりも、近所付き合い・サークル・クラブ・ボランティア活動・市民活動と大きく変化し、広がっていくだろう。

③異年代コミュニケーション＝友達から始まる仲間は、個人の生活を大きく左右していく。これからは、高齢化が急激に進み、4世代・5世代が共に生きる時代である。それだけに、異年代のコミュニケーションは生涯の人間関係のもう一つのテーマとなっていくだろう。

④ポリシー＝人生は絶えず成長の連続である。それは、自分自身の人間としての成長を願っているのかも知れない。その過程が人生であり、パーソナリティーの追求だろう。

⑤学習＝ひとつの人生は、学びの連続だと言える。平均寿命が延びるに従い、学びの時間はますます増えるだろう。もちろん、この学びとは知識を得るという学びから、生活体験を通しての学びまでを指すことはいうまでもない。

⑥環境意識＝文明社会になればなるほど、逆に自然との関わりが大切になっている。自然とふれ合い、四季の変化に感動することから、自然愛護・保護の具体的行動まで広がっていく関わりである。

⑦自然への感謝＝人類は、宇宙・地球の自然の繋がり、サイクルのなかで生きている。野外へ出かけて感動することの究極は、自然への感謝の気持ちを再確認することにある。

⑧エコロジーライフ＝環境問題・天然資源問題・ごみ対策問題・多くの生物と環境問題や生物の相互関係が問題視されている。一人ひとりが自分自身の生活のなかに問題意識をもたなくてはならない。

⑨自由＝何らかの拘束から逃げ出すことが自由ではない。自分の本来の姿を見つけ、自ら行動することが「自由」である。しかし、それは大変難しいことのように思える。なぜなら、自分の責任を伴うからである。

⑩時間＝自分に与えられている生涯の時間は有限である。この有限な時間は、自分を愛し、大切にすればするほど、その使い方に難しさを感じる。

⑪食生活＝生きていくうえで最も大きなことのひとつに食生活がある。ところが今日、人間自らが創りだして来た文明によって、その食生活が侵されてきている。こうした時代であるからこそ、食生活に問題意識をもつことが必要になってきている。

⑫健康＝自分の健康は、最終的には自分自身が気をつけなければならない。気をつけるということは、病気についての知識等はもちろんのこと、それ以上にトータルな積極的な健康への対策が必要となっている。

⑬趣味＝生活のなかで自分自身の世界をもつこと、その世界に自分なりの目標を設定していけること、それが趣味活動である。自分がゆとりをもって愉しめ、何らかのチャレンジのある一時と言ってもいいだろう。

⑭身体活動＝人間は、生きている限り体を動かすことを本能として生活している。歩くことから競技性のあるスポーツまで、別の見方をすれば全身を動かすことは、人間の生きがいのひとつなのかも知れない。

⑮性格＝「汝自らを知れ」という古い言葉を挙げるまでもなく、自分自身を知ることはとても難しいことである。

　　しかし、自分を客観視することへの努力・試みは大切なことであり、

その努力・試みの継続のなかから、自分自身を知るステップも生まれるに違いない。

⑯目標＝人間の生活は、変化の連続である。この変化には何らかの目標設定がある。人間は、この目標設定を知らず知らずのうちに生活リズムのなかに取り入れ、毎日を送っているのである。

⑰生きがい＝生活のなかの目標と生きがいという言葉には同じような響きがあるが、生きがいとは「活きていくこと」の意味を無意識のうちに追求している面が強くなる。個人の人間性・パーソナリティー等は内面的なものと言える。

「活力生活を育む生涯学習」―生かされ活きるライフスタイル創り―

（佐野豪著不味堂出版刊）より

10のファシリテーション・テーマ

（1）学生参画型授業紹介から、会員参画型倶楽部創りへの共通点の気づきを願って。（新しい大学授業と、新しい倶楽部創りを結びつけて）

（2）自分の生活から学び、気づいていただくことへの導入として。

（3）対象者と共に考え、気づき・学び合っていくという意味を学んでいただく。

（4）"生き方""活きる生活"等の共通したテーマから考えていただく。

（5）新たなライフスタイル・アイデンティティを育む支援者としての視点の広さに気づいていただく。

（6）コミュニティ・ライフの広がり・発展への学びを広げていただく。

（7）世代別ライフスタイルの違いと世代交流の大切さについて、気づいていただく。

（8）自己生活診断から、スタッフ同士の本音的語り合いへの発展の可能性も含めて。

（9）倶楽部ライフ創りテーマの分類観の学びの導入として。

（10）フィットネスクラブから活力生活倶楽部への発想転換の必要性も含めて。

佐野豪先生のファシリテーション・ワークショップ・同席エピソード（小森敏史）

スタッフの可能性に気づく

第2回目のミーティングでは、参加者全員が小グループに分かれてグループ・ディスカッションを行いました。話し合った内容は、グループの代表者が全員に対してプレゼンテーションしました。テーマは「今の子どもたちについて」「リタイアピープル・リタイア予備軍の人たちの生活意識について」です。社員やパート・アルバイトといった立場に関係なく自由に語り合うことはとても新鮮で、ワイワイガヤガヤと活気ある場になりました。

社員からは「入ったばかりのアルバイトスタッフが子どものことをよく考えていることが分かり嬉しかった」という声があり、これまで一方的な伝達ばかりで、パート・アルバイトスタッフの可能性に気づいていなかった、という反省がありました。また、パート・アルバイトスタッフからは「このような場を今後も設けてほしい」という声があり、皆で話し合う愉しさを実感してくれたようでした。

第三回

① "クラブ変革度テスト" に学ぶ

私は、この三ケ月目に当たる三回目位のワークショップより、業界の本題に入っていきます。そして、今までの導入的学びの期間・話し合いの一時が大切なことを、スタッフ一人ひとりが気づいて行くことになるのです。

まさにこの歩みは、ファシリテーション的、本音と心からの共有から育ま

れてきたことになるのです。私の人生のライフワークとの結びつきを知って
いただき、スタッフ同士の語り合いの愉しさを体験していただき、そのうえ
で本質的学びをしてこなかったことに気づいていただくという流れになりま
す。その過程で"心の扉"を開いていただくことになります。これが、私の
ファシリテーション・ワークショップの第一歩なのです。

　そうして始めて、自分の人生・生活と結びつけた学び・気づきと職場を
結びつけた"働き方"のステップに入っていけるのです。それは、職場の新
生への期待観（感）が誕生したところで始めて本題・本業への問題意識と
結びつけていくという第二の扉を開くことになります。

　それが業界（我がクラブ）の現状診断なのです。まさに、スタッフ一人ひ
とりの"生活創造自己診断"に続く、我が"クラブ変革度テスト"なので
す。

　こうした流れで"クラブ変革度テスト"を数多く行ってきました。このファ
シリテーション的流れからの診断は、どのクラブのスタッフの方々も"謙虚"
に自分達のクラブを診断されます。その展開には、驚きどころか、必然的な
流れを感じます。（もしこのクラブ変革度テストから入っていけば、数人が
"抵抗感"をもたれるかもしれません！…）まさに、業界（各クラブ）に
対して、私しか出来ないファシリテーション展開であると少々の自負をさせ
て下さい。

　次に紹介する"クラブ変革度テスト"は、体力健康新聞の私の長期連載
講座にて、一九九九年六・七月号にて発表したものです。当時として、反
響が大きかったのはもちろんですが、笑みながら診断されている姿を数多く
見せていただいています。

　そうした結果、大半のスタッフが二つ三つの〇印の数でお互いに笑みなが
ら自己申告され、逆にこれからのクラブ新生観（感）が一気に盛りあがっ

ていくことになっていきます。

【スイミングクラブ編】

①従来の"泳法中心"の指導から脱皮している。

②プール内の会員とスタッフは、以前よりかなり活気が出てきている。

③スタッフが保護者とのコミュニケーションを好んで行っている。

④スタッフはグループワーカー・ケースワーカー・コーディネーターへの発想転換ができ、倶楽部ライフ創りにチャレンジしている。

⑤子ども達の生活環境変化による新たな使命と誇りがわかってきた。

⑥入会説明（会）等は、充分時間をかけて保護者とコミュニケーションをはかりながら、クラブの理念を理解していただく努力をしている。

⑦社員と契約社員の定例合同ミーティング（研修）は、毎月一度は開き、コミュニケーション創りと研修努力をしている。

⑧契約社員を含むスタッフは、年代層・職歴・専攻・個性等いろいろな立場で構成されている。

⑨プールサイドにはいろいろな遊具やコーナーが用意され、プログラム展開にバリエーションがある。

⑩高齢者時代のサロン創りや子どもたちの多面的サロン創りに夢をもって計画を展開している。

⑪従来の短期教室から脱皮し、それに代わる企画を展開している。

⑫会員の退会率は少しずつさがり、会員の定着化が進んできている。

さて、貴クラブは、幾つ自信を持って、あるいは一応の○がつけられただろうか。もし、10項目以上に○がつけられたのなら、これからも益々誇りと活力あるＳＣクラブ創りにチャレンジしていける、いっている倶楽部と言ってもいい。次に8項目以上のクラブは、なんとか変革への道を歩みながら、もう一歩がんばりが必要ともいえる。もし、半分の6項目以下であれば全く危険な状態・低迷状態で、先々不安である。大至急、大変革の必要性に

気づき、現状診断と変革行動計画を作成し、変革への道を歩み出していただきたい。

　どちらにしても、私の再度の変革提案から20年ほどたち、全国のＳＣに大きく差が出てきているのが事実である。このテスト結果を参考に大きく飛躍していただきたい。

10のファシリテーション・テーマ

（1）クラブとして、坦々と長年問題意識無くやってきたことの気づき・反省へ。
（2）一人ひとりのスタッフに、"変えていく"という志向がなかったことの気づきへ。
（3）"泳法指導"のみの仕事観・職場観が強かったことへの気づきへ。
（4）合同ミーティングでは、自分の気持ちを表現してもいいと思える雰囲気への気づきへ。
（5）"保護者と共に"という発想がなかったことへの気づきへ。
（6）スタッフ・イコール・コーチ職と思っていたが、いろんな面から考える必要性を感じるように。
（7）やってこなかったこと、やっていないことが多くあることへの気づきへ。
（8）謙虚に"学び""知っていく"ことの必要性を感じ始める。
（9）これからのクラブの変わり方が、愉しみになっていく。
（10）クラブ新生への"学びの合同ミーティング"を愉しみにしていく。

【フィットネスクラブ編】

①従来の"プール・スタジオ・マシンジム"提供といった発想から脱皮している。
②クラブ内の会員同士・会員とスタッフは明るい雰囲気が湧き出ている。
③入会導線はチラシ広告や○○OFFキャンペーンという発想から脱皮できている。
④これからのクラブは単なるジムになってはいけないと倶楽部志向している。
⑤地域行政（第三セクター等を含む）の施設との差別化を理解し、現実に志向している。
⑥会員の退会率は少しずつ減少し、定着が進んできている。

⑦クラブには、会員になればどのような倶楽部ライフ参画がしていけるといった、しっかりとした説明や会則がある。

⑧支配人は、会員同士のメンバーシップのネットワーカーを目指し、会員とのコミュニケーションを大切にしている。

⑨会員が中心となったクラブ内の組織づくりがされ、会員の多面的倶楽部参画度を高める努力をしている。

⑩全世代型・生活提案型倶楽部ライフ創りに努力している。

⑪スタッフはいろいろな分野から集まり、ユニークな個性が発揮されている。

⑫21世紀のライフスタイルの変化や高齢者時代に合ったフィットネスクラブの存在から、使命と誇りをもつと同時に具体的対応計画が進んでいる。

さて、あなたのクラブは幾つ自信をもって、あるいは一応の○がつけられただろうか。もし、10項目以上に○がつけられたのなら、これからも益々誇りと活力あるクラブ創りにチャレンジしていける、いっている倶楽部と言ってもいい。次に8項目以上に○がつけられたクラブは、何とか変革への道を歩みながら、もう一歩がんばりが必要といえる。最後に、半分の6項目以下となれば全く危険な状態・低迷状態で、先々不安である。ぜひ、変革への道を歩んでいただきたい。そうしていただくことが、全国同じような従来のフィットネスクラブ（ジム）から脱皮し、全世代型・活力生活倶楽部へ歩み出すことができるのである。

どちらにしても、テスト項目を参考に、従来のスポーツ…ジムから、使命と誇りがもてる倶楽部に飛躍していただきたい。

10のファシリテーションテーマ

（1）クラブとして、坦々と長年問題意識なくやってきたことの気づき・反省へ。

（2）たんなるトレーニングの場だけではないことへの気づきへ。

（3）クラブ内の会員同士はといった発想は、余り問題視していなかったことの気づきへ。
（4）入会導線キャンペーンばかりで、現会員志向に欠けていたことへの気づきへ。
（5）民間クラブと公共施設の役割の違いという"学びの場"がなかった現実視へ。
（6）会員の退会については、数字的追求のみで、その背景・原因を学び合ってこなかったことの気づきへ。
（7）会員の倶楽部ライフに"参加"ではなく"参画"への違いを学んでこなかったことの気づきへ。
（8）支配人の仕事は、会員同士のキーパーソンがメインのテーマであることの学びが余りなかったことの気づきへ。
（9）スタッフの個性を活かしていくという雰囲気が欠けていたことの気づきへ。
（10）対象者のライフスタイルから学ぶという視点は、ほとんどなかったことに気づき、合同ミーティングの学びが愉しくなっていく期待へ。

②ブレーンストーミングからプロジェクトチーム編成へ

　スタッフ一人ひとりの"参画度"が高まってきた愉しい雰囲気のなかで、大きな節目を迎えることになっていきます。それは、"不安"から始まった私との出会いが、ここまでやってくると、"愉しみ"に変わっていくのです。こうした私の"ファシリテーション・ワークショップ"の変化をパートナーとして業界の変革提言をしてきた健康ジャーナリストの故長掛芳介氏（体力健康新聞主幹）は、"いつも佐野マジック"と笑みながら表現していました。このマジックには種があり、私自身とスタッフの皆さんとの本質論からの愉しいファシリテー

ション・ワークショップの展開の結びつきにあると、お互いに納得していました。

　その話はさておき、スタッフ一人ひとりの愉しい参画型ミーティングは、必然的流れのなかで、大きな節目を迎えることになっていきます。そうしたタイミングで"皆で創っていく"という、新たな体験の"扉"を開くことにしていきます。それが、世間で言われる"ボトムアップ"の展開です。その導入のひとつが、"ブレーンストーミング"になります。参考に解説しておきましょう。"ブレーンストーミング"とは、創造的にアイデアを育み合っていくグループ展開の会議の技法です。それは、グループでアイデアを出し合い、発想を広げていく方法です。各自の思いついたアイデアをひとつずつ一枚のカードにメモをしていき、それらを集めて分類していくという展開をします。この時のルールは、出し合ったアイデアを批判しないことです。

　こうしたブレーンストーミングは、研修ゲームとして愉しんだうえで導入するようにしていきます。なんでもないようですが、ここが大切となってきます。

　アイデアは、すぐに数百を数えるようになり、愉しんで出し合っていくことになります。そして、集まったアイデアを分類し、自分達のプロジェクトチーム編成に入ります。そして、チーム単位のグループタイムに入ってきます。つまり、プロジェクトチームとしての行動的展開が始まるのです。

　そんな展開から、次回の合同ミーティングは、全く新たなものに進化していきます。ここで、私のファシリテーションは"本音で語り合えるミーティング"から、"皆で創るミーティング"への大きな"進展"的流れになっていくのです。

10のファシリテーション・テーマ

（1）スタッフ一人ひとりが、ワークショップを始めてからの進化を、自ら感動していただき、共有の場としていただく。

（２）受講型合同ミーティング（勉強会）から、スタッフ主導型ミーティングに進化させていく。

（３）スタッフ一人ひとりが、自立型になり、プロジェクトチームへの参画観を育んでいく。

（４）アイデアを具体策にしていくプロセスの愉しい体験の場へ。

（５）参画体験的展開とグループワーク展開を〝愉しい職場創り〟へ結びつけていただく。

（６）今まで知らなかったスタッフ一人ひとりの個性と能力を知り合うふれあいを愉しんでいただく。

（７）グループワーク的展開からミニ成功体験を共有・共感していただく。

（８）クラブ全体に、大きな変化と明るい雰囲気が広がっていくことになり、会員からの反応を共有していくことへの気づきへ。（スタッフの明るさ・活力・お便りや掲示物・デコレーション等の変化等）

（９）毎月の合同ミーティングの間に、プロジェクトチームのミニミーティングが広がっていく。

（10）スタッフの倶楽部創り参画度が一気に高まり、活力が育まれ合っていくと共に生きがい・働きがいに結びついていく。

佐野豪先生のファシリテーション・ワークショップ・同席エピソード（小森敏史）

自分の発想の偏りに気づく

　第３回目のミーティングで衝撃を受けたのは、佐野先生がホワイトボードに書かれた「対象者の理解」という言葉です。「大切なのは『対象者の理解』です」と繰り返しお話になり、自分はこれまでどれだけ会員さんを理解しようとしてきただろうか、と反省しました。

　「生活創造意識の自己診断」を行って気づいたことは、自分が生活の中

であまり意識していない分野の存在です。それはすなわち、会員さんが求めておられることに気づくことができていない分野でもあります。自分自身の生活の中でチャレンジし、学び、愉しもうと思いました。

「クラブ変革度テスト」を行った結果、ほとんどのスタッフは2〜3個しか〇がつかず、自クラブができていないことばかりの現状を全員で共有できました。しかし、それはがっかりすることではなく、むしろ、皆これから広がる可能性がますます愉しみになり、早くクラブを変革したい、という思いが募ってきました。

第四・五回

①皆で創る合同ミーティングへ

最初の三回位は、どちらかと言うと、私自らスタッフ研修会の講師的ファシリテーターとして、雰囲気創りや一人ひとりのスタッフの興味や背景を気にしながら、レクチャー役を中心に務めてきます。まさに、コーディネーター・アドバイザーといろんな顔で接していくことになります。

もちろん、経営者・管理職的立場の方には、その都度、進行・進展の解説と共に、クラブ全体の進化を解説しながら進めます。まさに皆さんが、お互いの"心"を開き、たんなるテクニックではない、人間の本源的な活力を育み合う場であることに、気づき・学んでいただくことになっていくので

す。そして、人間としてスタッフとして、新しい倶楽部に新生させていく、当事者としての"参画"に変身されていくのです。

それは、前回の"皆で創っていく倶楽部創り"ブレーンストーミングと"プロジェクトチーム結成"で、一気に盛りあがっていくことになります。

次に、第四回目のミーティングから、新しい本格的な合同ミーティングとして第二ステップに入っていくのです。具体的には、まず進行役を交代していくことになります。そして、内容を三部（連絡事項の共有の場・テーマ別協議の場・学び合いのワークショップの場）構成にし、三テーマで質の異なる時間を過ごす合同ミーティングにステップ・アップしていきます。

もちろん、この段階では、クラブ全体的なミーティングであることを再確認し、クラブスタッフ本来の合同ミーティングへの変革の次のステップを迎えることになるのです。

10のファシリテーションテーマ

（1）スタッフ一人ひとりが、対等的な立場で"新しい倶楽部創り"への参画者であることに気づいていただく。

（2）交代していく進行役の体験が、一人ひとりの立場・性格を含み、新たな自らの"活力"を育んでいただく。

（3）初回の連絡事項は口頭ですまし、次回からは文章による活字を勧め、チャレンジしていただくようお勧めする（クラブの実状に合わせて）。

（4）プロジェクトチームの連絡・報告・解説も含めて、スタッフ全員が何らかの発言の一時にチャレンジしていただき、自立・自信へ結びつけていただく。

（5）プロジェクトチームのミニミーティングが業務の負担にならないように、短時間で効率的に進めていただくアドバイスをする。

（6）プロジェクトチームによる新たな変化をお互いに共有・共感し、称え合うサポートをしていく（お便り・フロント・ギャラリーの変化等）。

（7）会員からの倶楽部変化の声をお互いに共有・共感し、進化を始めた喜びへ。

（8）今後の倶楽部新生へのタイムスケジュール（水中活動倶楽部・活力生活倶楽部等への新生へ）への興味の育みへ。

（9）私の自論"失敗は恥ではない。やらないこと・行動しないことが恥である"の過程・証として説明・称賛をする。

（10）内容的・展開的に進化してきた、合同ミーティングへの"参画感"の喜びへのサポート解説をする。

② "テキスト"を使った学び合いへ

最初の三回位までは、拙書「クラブ再生への提言と展開」―使命と誇りを育む生活提案型・創造事業への提言と実際―（佐野豪・クラブパートナー共編著・体力健康新社刊）を参考書として各自で読んでいただきながら進めます。本書は、業界誌「クラブパートナー」（体力健康新社刊）に、メイン的・長期的執筆者として提言してきたことの集大成本になります。だから当時の連載を知らなかったスタッフにとって、倶楽部変革提言の歩みの解説書にもなるのです。この本は内容的に三冊分位のボリューム（271ページ）になり、常に参考書として見ていただきながら、ファシリテーション・ワークショップを進めていきます。

第四回目の新しい合同ミーティングへの進化・再構築の出発から、三つのテーマのなかの"学び合う学習の一時"として、新しいテキストを通して学んでいくことになります。

そこで、今度はテキストを通して学び合っていくことを明確に解説することになります。「スイミングクラブ革命」―子ども・保護者・スタッフが生かされ活きる水中活動倶楽部 in スイミングクラブ（佐野豪・活力健康倶楽部創りネットワーク共編著・不昧堂出版刊）を使っていきます。

一方、フィットネスクラブへの学びには、「スポーツクラブから活力生活

倶楽部」―使命と誇りをもった倶楽部創りの提案と実際―（佐野豪・SPJ
ライフスポーツプラザ編著・不昧堂出版刊）を使っていきます。

　スタッフの皆さんにとっては、テキストを通しての本格的な"学び"となっ
ていくのです。この時、すでに今までのファシリテーション・ワークショップ
の歩みから、"この本から学ぶことを愉しみにしていました！"といった期待
観（感）が大きくなっているのです。もうお分かりと思いますが、私のファ
シリテーション・ワークショップの流れは、無駄のない、生かされ活きるこ
とから、期待される"学び合い"に入っていくことになります。

　しかし、何回も読まないと、意味が分からないことをも、解説しながら入っ
ていきます。もちろん、章の内容によっては、各自で読んでいただくことに
留めるところや、二ページの解説に一時間かかる部分さえあり、その幅は広
くなっていきます。

　テキスト使用時の"10のファシリテーション・テーマ"は"10のレクチャー
・テーマ"として学んでいただく概要をあげていくことにします。

「スイミングクラブ革命」編

10のレクチャー・テーマ（パート1）

（1）「スイミングクラブ革命」を執筆・公刊した経緯と思いについて。

（2）プロローグの内容についての思いと、拙書提言シリーズ書との結びつきについて。

（3）スイミングクラブ変革提言数十年の歩みを再確認していただく。

（4）フィットネスクラブ大変革提言との一貫性についての解説。

（5）「いじめ・自殺問題」から直接アドバイスのスイミングクラブで開いた"不登
　　校児のための水広場"が、学校の出席扱いになった実際の紹介。

（6）民間スイミングクラブ主導・教育委員会・行政参画プロジェクトの実際の紹
　　介。

（7）新しい社会体育事業の示唆役・パイオニア的提言者・実践者としての歩みと、新しいスイミングクラブ創りとの結びつき、一貫性について解説。

（8）スイミングクラブでの"共同子育て"からの展開・提案の背景を解説。

（9）子どもの「活力生活」をテーマにした拙書数十冊との結びつきについて。

（10）全国のスイミングクラブが、本書から学び直し、新しい使命と誇りを育めば、全国のスイミングクラブの市民権は向上するとの思いを語る。

「スポーツクラブから活力生活倶楽部」編

10のレクチャー・テーマ（パート1）

（1）「スポーツクラブから活力生活倶楽部」を執筆・公刊した経緯と思いについて。

（2）"はじめに"への思いと、WHO"スピリチュアル問題"と結びつけて。

（3）『活力』は、生きる本源であることの解説と、提言への歩みと背景について。

（4）"レジャー"の語源的考察と、生涯教育・学習との結びつきについて。

（5）"余暇"という言葉が"死後"になっていくという歴史的な歩みと、諸外国の対比による解説。

（6）"生きがい"のセルフコントロールの時代的変遷と今日的課題について。

（7）なぜ、日本のフィットネスクラブは模倣から始まったのか。

（8）アメリカのフィットネスクラブの背景となる諸事情。

（9）スイミングクラブとフィットネスクラブ変革の共通点の気づきへ。

（10）業界紙"体力健康新聞"と共に、提言してきた"新しい倶楽部創り"への理念再構築への解説。

佐野豪先生のファシリテーション・ワークショップ・同席エピソード（小森敏史）

スタッフが創る合同ミーティングへ

第4回から、スタッフが進行役となり、スタッフ主体の「合同ミーティング」として行うことができました。しかし、長年、一方通行のミーティングしかしてこなかったため、初めのうちはうまく進行できず、スタッフ同士の会話のキャッチボールも弾みませんでした。それでも、スタッフが話し合いたい課題を自ら挙げ、皆で話し合うことを重ねていくと、皆で倶楽部を創っていく雰囲気が少しずつできていきました。

同時に、「スイミングクラブ革命」や「スポーツクラブから活力生活倶楽部」といった佐野先生の著書をテキストにした勉強会を進めて頂きました。時には、たった1ページを解説して頂くのに30分ほどかかることもあり、著書に書かれている一言一句の奥深さを感じました。一度読んで理解できるものではないので、バイブル本として、何度も繰り返し読んで学ぼうと思いました。

第六・七回

①テキストを媒体として学ぶことで、“本質論”が表面化していく

テキストの活字を見ながらというワークショップの展開には、スタッフの皆さんが大きく変化されていきます。それは、今までの笑みある語り合いの愉しいミーティング会場の雰囲気からの変化とも言えます。一口で述べると、“真剣”さと“真面目”さが表面化してくることです。スタッフ一人ひとりの目の輝き、“目から鱗”的場面、“謙虚”に学んでいる姿になります。テキストには、メモを書き加え、線を引き、付箋を貼っていくという、今までにはないワークショップです。

なぜなら、どのクラブも、このような本質論からの“学び”の一時が、皆

無だったからでしょう。又、ほとんどが、泳法中心だったり、トレーニング中心だったり、接遇方法のみであったのです。それだけに、とても新鮮で真剣な"学び"の一時になっていく実話でもあります。

　私はよく冗談で、ここに保護者や会員の方も一緒に勉強されるなら、感動してこの場に参画されるのではと、仮説にて語ります。現に他のクラブで保護者の方にも、参画していただいたこともあります。すると、参画された方は、"スタッフの皆さんがこんな内容で勉強されているなんて想像もしていませんでした！""ここのクラブ会員であることを誇りに思います！"…と言った感想が多くありました。

　現にビバグループ瀬田では、こんなことがありました。それは、ギャラリーで勉強会をしている時に、見学の保護者が近くの席で、耳を傾けて聞いていただいている場面でした。

　こんな大切な学びだけに、もうひとつ配慮することがあります。それは、スタッフによる理解力に少々差があることです。述べるまでもなく幼児期の学習では、子育て経験者と独身者とは大きく異なってきます。それだけに、最も理解しにくいスタッフに合わせながら解説していくことになります。この勉強会に、一日でも休むスタッフが出てくると大きな差となっていくため、たえず前回の復習をくり返しながら学んでいただくことになるのです。

　そんな場面を見て前にもふれましたが、ビバグループの小森代表は"この二冊は十回は読んで下さい！そうしないと自分のものになりませんよ！"と言われます。そして、自ら十回位読んで始めて"三分の一位分かったような気がします！"…と表現されていました。

　どちらにしても、次のファシリテーション・ワークショップの学び合い編のもうひとつのピークを迎えることになっていくものです。

「スイミングクラブ革命」編

10のレクチャー・テーマ（パート2）

（1）全国数十万人の保護者へのメッセージの実際より学ぶ。

（2）業界紙に紹介された"水中活動倶楽部"導入のミーティング・レポートの実際より学ぶ。

（3）"水中活動倶楽部"導入により、幼児の会員数が六倍になった業界紙のドキュメンタリー・レポートを紹介。

（4）幼児期・学童期の発達に大切となる視点・テーマを本質論から学ぶ。

（5）"活動と運動"の違いについて、本質論から学ぶ。

（6）"指導"と"育む"の違いについて、本質論から学び、今日的"教育問題"と結びつけた学びへ発展させていく。

（7）幼児・保護者のための"水中活動倶楽部"の"共同子育て"の奥深さの学びへ。

（8）"水中活動"の展開結果、年長児が"数百メートル"泳げるようになる現実の背景について事例から、学ぶ。

（9）人間の"水との原体験""命の本源"について本質論から学ぶ。

（10）小学生高学年・中・高校生の"コミュニケーション能力"欠如と、水中活動倶楽部の環境の"真逆性"について学ぶ。

「スポーツクラブから活力生活倶楽部」編

10のレクチャー・テーマ（パート2）

（1）人間の"生活創造"観への意識・無意識について学ぶ。

（2）"民間クラブ"と"公共施設"との役割分担観を学ぶ。

（3）"スペース＆指導産業""装置産業"視からの脱皮への気づきへ。

（4）"スタッフが愉しんで仕事をすること"と"会員の愉しい倶楽部ライブ"の結

びつきへの気づきへ。

（5）支配人のテーマが“愉しい倶楽部創り”のキーパーソンへの気づきへ。

（6）SPJの“日本初のウォーキングプール”設置へのコンセプトを全国発信した実際から学ぶ。

（7）フィットネスクラブのバリアフリー・ユニバーサルデザインについて学ぶ。

（8）会員・スタッフとの“共創的展開”について学ぶ。

（9）会員の代表とスタッフの代表で運営する“倶楽部の運営委員会”について学ぶ。

（10）会員参画型イベント・サークル創りについて学ぶ。

佐野豪先生のファシリテーション・ワークショップ・同席エピソード（小森敏史）

スタッフの内面に変化が起こり始める

ビバスポーツアカデミー南草津の第6回合同ミーティングの中で、「プールでおしゃべりしている会員さん達に対し、他の会員さんから『迷惑だ』とクレームを頂いた。どう対応するか？」という実際にあったケースをテーマに、グループディスカッションが行われました。するとあるスタッフが、「ビバは、身体的・精神的・社会的の3つで健康を考えていることをお話します。」と話してくれ、前回勉強した「健康の定義」を活かした意見に感心しました。

本質論を学び始めると、スタッフの内面に見えない変化が起こり始めます。それはスタッフ自身も気づかないほど些細な変化なのですが、会員さんとの接点も少しずつ変わっているようなのです。会員さんから「最近、スタッフの雰囲気が変わってきた。」「スタッフが親しげに話しかけてくれるようになってきた。」という声を聞くようになっていきました。

第八回

①クラブ新生へのタイムスケジュールが、より具体化していく

　テキストを媒体とする"学び合い"は、日に日に具体的クラブ新生を迎えることに、"期待・愉しみ"と"不安"が具体的になってきます。

　保護者・会員の合同ミーティングへの参画まで実現しなくても、その主旨・内容を公表していくことになります。具体的には、合同ミーティングの内容をお知らせしてきたことの集大成に入っていきます。もちろん、合同ミーティングの内容のお知らせから、保護者・会員との愉しい話題も広がっていることになります。

　大切なのは、こうしたクラブが変わりつつある過程を常に公表していくことです。その流れを保護者・会員・スタッフが共有しながら進めることが、皆で創っていく（共創していく）倶楽部創りに結びつくことになるのです。

　逆に述べるとこうした展開・歩みへのサポート・アドバイスは、とても重要になってきます。なぜなら、スタッフの皆さんは学んでいくこと・進めていくことに、一生懸命になりますが、こうした全体的流れ・配慮には、少々慣れていないと言えるからです。

　しかし、私のアドバイスの仕方を一歩間違えると、"又、次のことをやらされる！"になってしまいます。こうしたファシリテーターとしてのコーディネート観は、いつも多方面に配慮しながら進めていくことが大きなテーマです。いつもながら、今後の展開の答えとなってしまうヒント・アドバイスは、そのタイミングがとても重要になってきます。

　こうしたヒント・アドバイスは、スタッフの皆さんからみて"ありがたい！""そうした方がいいね！""そんなことは気づかなかった！"…と言った反

応が大切となってくるのです。

　しかし、保護者や会員にとって大切な節目的展開時には、私から苦言的な言い方をする場面も出てくることもあります。

　どちらにしても、スタッフ同士の学び合いから、保護者・会員との共創となる節目の時は、大変気をつかいながらのファシリテーションに入っていきます。こうした節目のなかで、具体的新生への"プレゼンテーション"と"思い"を伝える方法についてのレクチャー・アドバイスに入っていくことになるのです。

「スイミングクラブ革命」編

10のレクチャーテーマ（パート3）

（1）保護者の立場から考察していくという異なる学びへ。

（2）目先的な"習い事観"は、スタッフ自ら脱皮することから。

（3）水をテーマにした子育て環境創りへの"使命と誇り"観へ。

（4）保護者の気づき・学び観（感）からの新たな信頼関係の育み合いへ。

（5）この新しい信頼関係の育み合いが、学童期の長期在籍・定着へ結びついていくことへの理解へ。

（6）会員・保護者の"口コミ"が育まれる背景への意識づくり。

（7）プールサイドが子どもから学べる"子育ての宝もの"を生活のなかで発見できる場へ。

（8）子どもが何よりも愉しみにしている"水中活動倶楽部"の実話より学ぶ。

（9）一般のスイミングクラブでの幼児の水慣れクラス・遊びのクラスとは、全く異なることへの"全スタッフ（フロントスタッフを含み）共通理解と誇り"へ。

（10）スタッフが、理念と誇りから使ってはいけない言葉・用語の確認。

「スポーツクラブから活力生活倶楽部」編

10のレクチャーテーマ（パート3）

（1）"お疲れ様！"は禁句にする思いへの共有。

（2）オリエンテーションの見直し観（感）を育む。

（3）入会時の"支配人面談"の必要性への気づきへ。

（4）会員とスタッフの代表による運営委員会立ち上げ方法について学ぶ。

（5）会員参画型のイベント創りプロジェクトの進め方への学びへ。

（6）クラブin倶楽部の創り方への学びへ。

（7）イベント・クラブin倶楽部創りの"内規""規約"は、会員のための必要なことへの学びへ。

（8）会員・スタッフの"座談会"の必要性とコーディネートへの学びへ。

（9）会員・スタッフの"クラブ新生"への期待の育みへ。

（10）クラブ新生へのお知らせプロジェクト展開と歩みのステップへ。

佐野豪先生のファシリテーション・ワークショップ・同席エピソード（小森敏史）

固定概念から脱皮し、新しい倶楽部創りをイメージする

　本質論を学べば学ぶほど、早く現状を変えたい、という思いが湧きあがってきます。しかし、具体的にはどのようにすれば良いのかイメージ出来ず、モヤモヤした思いがありました。そこには、自らの中に残る様々な固定概念との葛藤があったのだと思います。

　第1回合同ミーティング後から、スタッフの学び・気づきを活字にして、会員さん・保護者と共有してきました。スタッフ内の話を、会員さんや保

護者と共有するなどこれまでは考えられなかったことです。少なからず、抵抗はありましたが、その抵抗感こそが自ら作ってしまっている会員さん・保護者との壁だったのです。

　また、これまで何気なく使ってきた言葉や、短期教室やオリエンテーションなど様々なシステムが、スタッフ目線・指導目線であったことの学び・反省がありました。そこから、会員目線の新しい倶楽部創りをより具体的に学び、イメージし始めたのです。

第九・十回

①ワークショップのひとつの集大成と共に、次のステップへの"共有テキスト"を学ぶ

　いよいよクラブ新生への発表・説明時期が近づき、私のファシリテーションのひとつの集大成と共に、次のステップへの入口の扉がやってきます。それは、クラブが新しい"使命と誇り"をもって、皆さんと共に具体的に歩み始めるステップです。

　子ども・保護者・会員の皆さんにその思いを伝えるには、たんなる"告知・お知らせ"をするといった発想では悲しくなります。大切なのは、何んのための"新生"かを共有していく過程です。それは、スタッフ一人ひとりの人間・スタッフ・倶楽部創りの仲間として、気づき・学んだことを"素直に""正直"な気持ちを伝えることなのです。この過程が保護者・会員として、クラブの蘇りを歓迎していただくことに結びつくのです。それを一歩間違うと、消費者としての批判者にしてしまいます。

　私のファシリテーションは、この時期そうした意味でも大変気をつかうこ

とになります。そのためには、スタッフ一人ひとりがこの時期の三つのテーマをしっかり認識することがポイントになってきます。それを解説しておきましょう。

　まず、第一のテーマは“今までやってきたことの正直な反省”“気づかなかったことの反省”なのです。それは、システム・マニュアル・ビジネス（フランチャイズ展開も含み）そして、それらを全て固定観念で展開してきたことです。それを素直に・正直に述べることです。例をあげると、スイミングクラブでは、幼児と学童の違いを本格的に学ばずしてやってきましたといったことです。フィットネスクラブでは、一方的トレーニングの場志向で、倶楽部ライフの“共創”や会員の“生きがい”について本格的に学んでこなかったことへの気づき・反省です。

　それを前提に第二のテーマに入ります。それは述べるまでもなく、この一年間ファシリテーション・ワークショップで学んできたことの要約になります。大きなテーマとしては皆さんの生活・環境に必要とされていることの学びをしてきたことです。つまり、スイミングクラブでは今の子ども達に必要とされていること、幼児期に大切なこと、共同子育て、教育環境と結びつけて…と。フィットネスクラブでは、新しい健康観・人間の活力・生きがい・総称して（生かされ活きる観）といったテーマになります。そして、第三テーマとしては、これからは皆さんと共に必要とされる新しい倶楽部創りをしていきたいという“思い”です。その“思い”こそ、現在の一人ひとりのスタッフの一年間学んできたことの思いであると述べることなのです。

　その思いを“お知らせ”に述べ、その“お知らせ”を媒体に会員一人ひとりスタッフの語りの場を大切にしていくことです。

　そうした流れにその“証”的なインパクトのあるものとして、次の三冊を子ども・保護者・会員の新しい倶楽部創りへの“共有していく”ことに結

びつけていくことになります。

そのために、スタッフのワークショップに二冊・三冊への学びの一時を、一方で始めることになっていきます。

このテキストの使い方は、各クラブともステップアップしていきます。つまり今までの受け身的な教材としてではなく、自分達でファシリテーターを交代しながら、自分達のディスカッションで学んでいく一時に、進化させます。ここが私なりに大学でのゼミから大学院での授業的なワークショップを育むキーポイントになっていくことになります。

そうすることによって、自分達自らの学びとして、自信をもって自分達のものにしていくという過程が育まれていきます。そこで始めて会員に使命と誇りをもって伝えたい・育んでいきたいといった流れになっていくのです。この共有テキストのファシリテーション的学びを理解していただいた前提で10のレクチャー・テーマを省き、三冊のレジメ内容（目次）を紹介しておくことにしましょう。

　○幼児・保護者のためのテキスト

　「いのち（生命）の本源から育む子どもの活力」―「愉しい倶楽部ライフと―家庭・地域が活きる」を結ぶ共同子育てハンドブック―（佐野豪）

目次

　第一章　みずは、おともだち ―水との原体験が活力を育む―

　1 水で育む人間の活力は生まれる前から、2 家族で愉しむ水とのふれあい、3 子どもの活力観をスイミングクラブへ、4 スイミングクラブを知ろう！、5 倶楽部ライフは、安心感を育むことから。

　第二章　なんでもやってみよう ―興味・欲求から活動力を育む―

　1 赤ちゃんの時の『活力』に学ぶ、2 全ては興味から始まる、3 幼児期は身体活動の質的発育・成長の時期、4 身体活動量は想像以上に多くなる、5 子ども自らのリ

ズムを大切に。

第三章　たのしくやろう　―愉しみながら自立・自力育む―

1 子どもの目の輝きは、2 自立期の愉しい環境こそ大切、3『愉しい』が学ぶ心を育む、4 大人のモノサシを変えてみよう、5 愉しい水中活動からのステップ。

第四章　おともだちとなかよし　―仲間と表現力・協調性を育む―

1 一人の活動から協同活動へ、2 群がっていく活動への進展、3 友達と比較しない、4 友達関係が進展していく、5 グループワークの発想を学ぶ。

第五章　ママ・パパとせんせいはおともだち　―保護者・スタッフとの『共同子育て』―

1 子育てを愉しく、2 親同士の仲間観こそ大切、3 子どもの発信に気づき・学ぼう、4 スタッフとの『共同子育て観』を、5 新しい人間形成観を共有していこう。

○学童クラスの新生へのテキスト

「生かされ活きる新しいスイミングクラブ」―「クラブ」を変える！「子育ち・子育て」が変わる!!―（佐野豪編著）

目次

第一章　佐野豪直接アドバイスＳＣの違いについて

　　　　―従来型ＳＣの『学び』からの変革を願って―

1 スタッフ・クラブの変革への学びは？、2 スタッフの定（月）例ミーティングは？、3 水とふれ合いへのグローバルな視点は、4 幼児期と学童期の違いへの学びは、5 幼児・保護者への環境創りへは、6 保護者・スタッフの共同子育て観（感）は、7 スポーツクラブへの固定概念は？、8 民間クラブと公共施設との役割り分担観は？、9 クラブ・職場への参画観（感）は？、10 新たな使命と誇りの創造への広がりを願って。

第二章　『直接アドバイスＳＣの代表者』が語る座談会

　　　　―全国のＳＣが『本質論』から『新生』への第一歩を歩まれることを願って―

1 クラブ新生への歩みと思いから、2 全ては、本質からの学びから『新たな使命と誇り』への扉へ！

第三章　倶楽部ライフと家庭生活を結ぶ学び合いの実際

　　　　―スタッフ・保護者のレポートからクラブのお便りまで―

1スタッフの学び合いレポート、2保護者の共有・共感レポート、3保護者の学習会感想レポート、4倶楽部からの発信物の実際。

第四章　新たなスイミングクラブ創りへの新提言　―学童期への五つのメッセージ―

1スイマーへのチャレンジ！、2友達づくりをしよう！、3考えながらやっていこう！、4みんなで語り合おう！、5自分を成長させよう！、

第五章　使命と誇り観（感）からの学際的コーディネートの実際

　　　　―業界紙（誌）からの全国発信の一部紹介―

1行政・教育委員会とのネットワークの実際より、2新たな競泳選手養成テーマとして提言される、3行政と民間の学び合いの必要性と提言の実際

○大人会員のためのテキスト

「フィットネスクラブ革命」―生きがい・健康・活力と倶楽部ライフを結ぶ―（佐野豪編著）

目次

第一章　業界の現状と新生への提言

1新生への歩みをしないフィットネスクラブ業界、2必要とされる倶楽部創り提言への歩み。

第二章　倶楽部ライフ観（感）で「活力生活」を育む

1レジャーライフ観でマイ・ライフスタイルを、2倶楽部ライフでアイデンティティを育む。

第三章　倶楽部仲間と愉しむ倶楽部ライフ

参加観（感）から参画観（感）へ。

第四章　「直接アドバイス倶楽部の代表者」が思いを語る

座談会の内容に“生かされ活きる”のは、貴クラブであっていただきたい。

第五章　使命感と誇り感からの節目的な提言の実際

業界紙（誌）からの全国発信の一部紹介。

佐野豪先生のファシリテーション・ワークショップ・同席エピソード（小森敏史）

会員さん・保護者との語り合い、学び合い、共創へ

　倶楽部新生に向け、いよいよ、会員さん・保護者との語り合い、学び合いの場をもつことになります。と言っても、どのように会員さん・保護者とお話すれば良いのか戸惑うスタッフも少なくありません。「ミーティングは恥をかく場」佐野先生が何度もおっしゃる言葉ですが、実際にお話するためのロールプレイングを行う学びを深めました。

　会員さん・保護者とお話する際、特に大事なことは、「これまで間違っていました！」「勉強不足でした！」と言うスタッフの反省の思いをオープンにすることです。ごく一部ですが、学びが乏しく「スタンドプレイ」する、つまり何らかの本音を隠して表面的に取り繕おうとするスタッフもいました。せめて、まだ勉強不足で分かっていないことを謝り謙虚に学ぶ努力が必要です。

　最後に「子どもの活力」「新しいスイミングクラブ」「フィットネスクラブ革命」の三冊の共有テキストは大きな宝物です。会員さん・保護者と一緒に学びながら、活力ある倶楽部創りを展開していきます。

第十一回・十二回

保護者・会員との "生かされ活きる" 新たな倶楽部創りへの共創が始まる

　約十ヶ月の本質論的学びから、スタッフの活力が満ち、待ちに待った、保護者・会員とのファシリテーション（新しい倶楽部創りの協働・共創）

が始まります。

　もちろん、学びの十ヶ月の合同ミーティングは、保護者・会員にお知らせしてきましたから、保護者・会員・スタッフにとっても待ちに待った案内となります。そのために、保護者・会員へオリエンテー

ションの案内の仕方・進める、テキストの共有の仕方・座談会の案内…等多くの具体的プロジェクトの学びに入っていきます。

　最後に、その一部を紹介すると共に、その他のワークショップのテーマ・事例の一部を抜粋紹介し、"第6章"のまとめとさせていただきます。（内容について）質問等がありましたら、ご遠慮なく編著者まで一報下さい。

ビバスポーツアカデミー瀬田　幼児対象保護者の方々へ

「いのちの本源から育む子どもの活力」
—「愉しい倶楽部ライフ」と「地域・家庭が活きる」を結ぶ
共同子育てハンドブック—を共有テキストにされていくことへの
メッセージ —

　ビバスポーツアカデミーグループには、1年前より毎月定例合同ミーティングに出席し、"新たな使命と誇りを育む倶楽部創り"をテーマにスタッフの皆さんの学びをサポートさせていただいています。

　「子どもの活力」は生涯教育・人間の活力・幼児期の発達・成長・現場創りをテーマに約40年間提言してきました集大成シリーズの1冊（80

冊の拙著中）です。本書の内容は全国の大半のスイミングスクール・クラブが、本質論から学ばずにきた内容です。その結果、どこのスクール・クラブも学童クラスと同じか「水慣れクラス」としての目先しか変えようとしかしていません。私がどれだけ業界関係者のセミナーにて力説しても、全く目先しか変えようとしないのです。述べるまでもなく、その方が容易で楽だからです。

そうした背景のなか、ビバスポーツアカデミーグループのスタッフは、大変困難な本質論から１年以上学び続けていただいています。

そんななか、私の提言している幼児・保護者のための「水中活動倶楽部」は、感謝、感謝の声が広がってきています。

現に、私の提言してきたことは、学会においても「幼児の水泳集団的指導逆効果」と発表され、ＮＨＫでも取りあげられました。そして、研究代表者の方より、私の長年の提言に力強く感じましたと感謝されています。

又、20年前の愛知県での「いじめ・自殺」の事件より、私のコーディネートした「スイミングクラブのクラス」が「学校の出席扱い」とされた実際を全国発信しました。（詳しくは、ギャラリーの新聞記事・本書をご参照下さい）

そうした背景のなかでの幼児・保護者のための「水中活動倶楽部」の解説です。ぜひ、倶楽部と家庭を結ぶ「共同子育て」のテキストとして、実りある共有をおすすめします。

そして、皆さんの家庭・子育て・地域が大きく変わっていくことへの倶楽部ライフ参画を期待して、メッセージとさせていただきます。

ビバスポーツアカデミー顧問　生涯教育評論家　佐野豪

ビバスポーツアカデミー南草津会員の方々へ

「フィットネスクラブ革命」―生きがい・健康・活力と倶楽部ライフを結ぶ―公刊と共有テキストにされていくことへのメッセージ

ビバスポーツアカデミーグループには、1年前より毎月の定例合同ミーティングに出席し、"新たな使命と誇りを育む倶楽部創り"をテーマに、スタッフの皆さんの学びをサポートさせていただいています。

今回の「フィットネスクラブ革命」は、生涯学習、人間の活力をテーマに約40年間いろんな分野に提言してきた集大成シリーズの一冊（80冊の拙著）です。

特にフィットネスクラブは日本に全国展開が始まる前に、唯一の学識経験者としてアドバイザー役を依頼されました。しかし、事業展開拡大を最優先にしたフランチャイズ展開でのアメリカの模倣となり、今日に至りました。実はどこも同じクラブになってしまったのも、こんな背景があったのです。

私は、その時から日本型、日本人向きの活力生活を育む"生かされ活きる倶楽部創り"を提言してきました。

私の直接アドバイスをしている倶楽部は、全国唯一の会員が退会されない（75％以上が5年以上在籍）倶楽部として注目されています。

ビバスポーツアカデミーも、そうした流れを本質から学んでいただき、クラブ新生の第一歩への歩みを始めるところまでやってきました。そんな時期に、必然的な本書の公刊となりました。

是非、会員の皆さんとスタッフが本書を共有され、「生かされ活きる新しい活力生活倶楽部」を共創されていくことを期待しメッセージとさせていた

だきます。

2014 年 1 月吉日

ビバスポーツアカデミー顧問　生涯教育評論家　佐野豪

会員各位
活力生活倶楽部への歩みについての解説

【ステップ１、〜ミニイベントのお誘いについて〜】

　始めの一歩として、従来会員の皆さんからお誘いいただいている新年会などのミニイベントには是非ご一緒したいと思っています。

　もちろん、個人的な集いとしてではなく、クラスや曜日などのグループでの公開イベントとさせてください。そうした中から今後のイベント企画・参画の仕方をご一緒に考えていければ幸いです。

【ステップ２、〜新刊「フィットネスクラブ革命」の共有テキストについて〜】

　佐野豪先生の新刊「フィットネスクラブ革命」〜生きがい・健康・活力と倶楽部ライフを結ぶ〜は、全国のクラブの大変革（生かされ活きる倶楽部創り）への示唆、提言書です。希望者にはフロントにて贈呈しますので、皆さんと共有しながら、新しい倶楽部創りをしていきたいと思っています。

【ステップ３、〜会員の代表者の方々とスタッフの学習会について〜】

　会員の代表者の方々とスタッフの学びへの共有の場として、新しい倶楽部創りへの学習会を開きます。（無料）２月２日（日）に佐野先生を講師に、「活力生活倶楽部」創りへの歩みについて、一緒に学び合う場を予定

しています。

是非参加してみたいという方は、フロントにてお申し込みください。

【ステップ４、～スタッフのサポートプロジェクトを開始していきます～】

具体的な倶楽部ライフ創りをしていただくために、スタッフの新たなプロジェクトを開始していきます。

＊イベント、サークル、オリエンテーション、広報活動など

【ステップ５、～活力委員会（仮称）の結成について～】

会員の代表者とスタッフの代表者が共に語り合う場として、委員会を設置し、今後の展開について共有の場、確認の場を創っていきます。

＊この委員会は、要望や苦情の場としてではなく、学び合い、確認の場にしていくものです。

ビバスポーツアカデミー瀬田

その他直接アドバイス・ファシリテーションの事例

・活力健康倶楽部創りネットワークの合同ミーティングレポート。

・ネットワークのいろんな先輩クラブの新生への歩み紹介。（成功例だけではなく、失敗事例も含み事例研究テーマにしていく。）

・ユニークな研修ゲーム等を取り入れ、愉しく展開。（「愉しい研修ゲーム」（日本能率協会刊）他多数の拙書より）

・ＤＶＤ学習も取り入れて解説していく。（ネットワーククラブでのワークショップ記録等を参考にしながら）

・学生スタッフ一人ひとりのアドバイスへ。（三十年のいろんな大学・学科でのアドバイス・授業体験を生かして）

- お便り・掲示物へのコメント原稿を執筆していく。（保護者・会員への生涯学習アドバイザーの視点から）
- スタッフ・クラブの発信物への添削をしていく。（生涯教育的視点にたったアドバイザーとして）
- イベントへの専門的なアドバイスをしていく。（多数のレクリエーション関係図書の執筆、ワーカー養成大学・団体等の指導担当体験を生かして）
- マスコミへの対応に協力していく。（新聞・テレビ等のコメンテーター体験を生かして）
- 地域行政機関へのアドバイス・協力をしていく。（長年の省庁・地域行政機関への指導・アドバイザー役の体験を生かして）
- ネットワーククラブの相互のスタッフ研修を開く。（仲間感のあるクラブスタッフの交流研修はいろんな可能性が広がっている）
- フェイスブックによる、ネットワーク交流が多面的に結びつき、広がっている。（現にメールマガジン「佐野豪『生かされ活きる』倶楽部創り」に参画・登録・レポートしていただいている。（＊佐野豪の公式ホームページより登録可能）
- 保護者・会員への講演・座談会への協力。
- スタッフから電話・FAX からの直接相談対応。
- 新人スタッフ・プロジェクトチームへのアドバイス・研究協力。
- 出版企画・原稿執筆への協力。
- 社内研修会と公開セミナーをリンク化していく。
- イベント・サークル・会員との運営委員会等（規約創りを含み）プロジェクトへのアドバイス。
- その他随時、オーナー・支配人等のクラブ全体の進展へのコーディネート相談や全スタッフからの個別相談へのアドバイス。
- 他

エピローグ

"つながる"こと

佐野先生がいつも仰る通り、もうすぐ20年となるSPJにおいて佐野先生とのミーティングは、型にはまらず毎回違うパターンから、業界を含め広い視点で話をつなげていただいています。SPJでは、2013年秋から毎回の全体会議をビデオ撮影し佐野先生のお話部分を中心に編集保存し、欠席したスタッフの内容確認に、出席したスタッフも一覧表にタイトルが付いているので数ヶ月前の確認・復習も出来るようになっています。ベテランも新人も会議を通じた共通認識の差を補足するのに活用しています。

佐野先生の元で学ぶクラブは、元々佐野先生を通した縦のつながりの中で、Aクラブはこういう事やっているよ、Bクラブがこういう事始めたよの情報でつながっていたのですが、最近はSNSなどのネットワークが出来る状況になり、「活力健康倶楽部創りネットワーク」参加クラブに声をかけて、Facebookにグループを立ち上げました。

お互いのミーティングの状況。イベント・掲示物の工夫をそれぞれのクラブが型にはまらずそれぞれの方法でやっている事がわかります。情報交換を通じて自分達のクラブの"活力"にする。良い流れになってきています。

昨年より佐野先生とネットワーククラブで"生かされ活きる倶楽部創りメールマガジン"を始めました。これは、佐野先生及びネットワーククラブに興味を持たれていても、環境や時間等の都合で参画出来ない方々もたくさんいらっしゃり、あらためてつながる事が出来ないかという一つの方法です。多くの業界関係者に、また、クラブ変革に興味を持っていただいている会員・保護者の方にもつながれば大変嬉しいです。

"つながる"という事は、離れているものが結びつく事ですが、つながる上では同じ方向を向くのと同時にお互いの違いを理解し合い尊重する事が大切です。マニュアルではありません。もちろんスタッフと会員・保護者のつながりもそう。

この本を通じて、佐野先生とのつながりが、更に新たなるつながりになる事を願っています。

佐野豪『生かされ活きる』倶楽部創りメールマガジン　編集長

http://www.mag2.com/m/0001629834.html

SPJ ライフスポーツプラザ・浜北スイミングプラザ代表　金原　基晴

＜著者紹介＞

佐野　豪（さの・たけし）

日本活力生活研究所所長（生涯教育評論家）

1971年、日本レクリエーション研究所（現・日本活力生活研究所）を設立し、所長を務め、研究・指導・講演活動を始めた。特にいろんな教育の一貫性から唱えた生涯教育・学習の環境創りについては、全国の草分け的存在で、各省庁を始めとする行政機関・団体・企業・マスコミ等を通じて啓蒙・普及活動に務めてきた。また、全国のいくつかの大学の客員教授・特任教授・非常勤（特別）講師等も兼務してきた。

スイミング・フィットネスクラブ（ＳＣ）業界には、全国各地のクラブ顧問をしながら、生活提案型・創造事業としてのスイミングクラブ・フィットネスクラブ創りへのアドバイザー役を務めてきた。そして、著書・業界紙（誌）・セミナー等を通して全国各地のクラブを蘇らせ、"生かされ活きる倶楽部"としての活力を育んで業界の示唆役を務めてきた。

主な著書は、「遊べない子は育たない」（文化出版局）「好きになる水泳入門」（ベースボール・マガジン社）「子どもは1人では育たない」（あすなろ書房）「写真で見る幼児教育の世界」（教育出版）「オリエンテーリング入門」（小学館）「子どものための楽しい運動遊び」（大修館書店）「スポーツクラブライフ（泰流社）「ライフスタイルとまちづくり」「活力生活を育む生涯学習」「高齢者のライフスタイル」「コミュニティワーク入門」「活力あ

る活力健康倶楽部」(不昧堂出版) 等 80 冊程度ある。

　現住所 : 愛知県日進市岩崎町竹ノ山 149-540
　　TEL : 0561-72-3998
　　FAX : 0561-74-2904
【佐野豪オフィシャルサイト】
　スイミング・フィットネスクラブへの警鐘！
　　http://sano-takeshi.com/

小森　敏史（こもり・さとし）

ビバグループ代表。京都大学工学部卒業後、システム開発会社を経て、2004年26歳で現職に就任。現在は、ビバスポーツアカデミー3倶楽部および公共施設23施設を運営。数字中心・入会獲得中心のクラブ運営の在り方に疑問を持つ中、クラブ変革提言の第一人者である佐野豪氏と出会い、人間を深く洞察した本質的な倶楽部創り論に衝撃を受ける。2012年11月佐野豪氏とともに、ビバスポーツアカデミーの変革を開始。2014年4月「水中活動倶楽部」「活力生活倶楽部」として新生。同年6月クラブ新生レポート型セミナー（日本プランニングシステム主催）、同年10月スキルアップセミナー（ジョンソンヘルステックジャパン主催）、2015年1月スイミング・フィットネスクラブが新生された実例大公開セミナー（日本プランニングシステム主催）にて講演。

【ビバスポーツアカデミーグループ】
　　http://www.viva-sa.com/
ビバスポーツアカデミー瀬田（水中活動倶楽部・スイミング倶楽部・活力生活倶楽部）
　滋賀県大津市一里山1丁目18-22
　　TEL 077-543-0887
　　FAX 077-543-7174
　　E-mail seta@viva-sa.com

ビバスポーツアカデミー枚方（水中活動倶楽部・スイミング倶楽部・活力
生活倶楽部）

大阪府枚方市甲斐田町 2-15

TEL 072-840-7800

FAX 072-840-9166

E-mail hirakata@viva-sa.com

ビバスポーツアカデミー南草津（活力生活倶楽部）

滋賀県草津市野路 1 丁目 15 番 5「フェリエ」6 階

TEL 077-566-8700

FAX 077-566-8684

E-mail minamikusatsu@viva-sa.com

協　　力　活力健康倶楽部創りネットワーク

イラスト　はっとりしげお

活力健康倶楽部創りネットワークより

　私たちは、佐野豪先生を顧問に迎え、直接アドバイスをしていただいているクラブです。

　毎月、佐野先生のファシリテーション・ワークショップを含む、定例の合同ミーティングを開き、研鑽を重ねています。そうしたなかで、"使命と誇りをもった新たな倶楽部創り"をテーマに、"水中活動倶楽部"や"活力健康倶楽部"創り思考への歩み等を学び合い、展開しています。（私たちの思いや学びを理解していただき、名称や表面的な用語の使用は、ご遠慮下さい。）

　ぜひ、私たちの『活力健康倶楽部創りネットワーク』に参画され、スタッフ一人ひとりが愉しく学び合いながら、最も大切な"本質論からの倶楽部創り"を歩み始められることをお奨めします。

スイミング・フィットネス

クラブ再創造への道

―佐野豪のファシリテーション・メソッド―　　　　　　　Ⓒ 2016　T. Sano, *et al.*

2016 年 1 月 15 日　初版発行　　　　　　定価（本体1,800円＋税）

編 著 者

佐　野　　豪

小　森　敏　史

ビバスポーツアカデミー

発 行 者

宮　脇　陽一郎

印 刷 所

音 羽 印 刷（株）

発行所　　（株）不昧堂出版　〒112-0012 東京都文京区大塚 2-14-9
TEL 03-3946-2345　FAX 03-3947-0110　振替 00190-8-68739

ISBN4-8293-0508-9　　E-mail:fumaido@tkd.att.ne.jp　　Printed in Japan

使命と誇りある会員・倶楽部事業へ!! 佐野豪著作集

スイミング・フィットネスクラブ安定経営の策がここに！
佐野 豪からの提案書!!

少子高齢化を伴う人口減少社会到来！

　各クラブは、従来の固定観念から脱却出来なかったり、過剰な設備投資志向に陥ったり、新規の会員獲得競争ばかりをエスカレートさせてきました。その結果、会員へのサービスは全てマニュアル化され、子ども・保育者が心から必要としている"子育て支援""ライフスタイルと生きがい""自己実現"等、個々の会員の要望に次第と応えられなくなってしまいました。

　各クラブは、会員・対象者の目線に立ち、生活の一部として生きる（活きる）ために今『絶対に必要なクラブ創り』を目指していただき、長期的で安定型クラブへの再創造を始めましょう。

新しいスイミングクラブ

高学年まで続けたいグループワーク。『学童クラス』コーディネート型バイブル書

■ A5判 126頁
定価（本体1,400円＋税）
ISBN:978-4-8293-0495-2

フィットネスクラブ革命

会員の信頼型・継続型から安定的倶楽部事業へのコーディネート型バイブル書

■ A5判 126頁
定価（本体1,400円＋税）
ISBN:978-4-8293-0500-3

子どもの活力
―スタッフ・保護者の共同子育てハンドブック―

"子どもの活力を引き出す子育て"とスイミングクラブとの関わり合いについて、『家庭生活』『倶楽部ライフ』双方の視点から検証し、"水中指導"のノウハウしか持たないスイミングクラブから筆者が考える『水中活動倶楽部』への発展の方法をその実例から提言した書。

■ A5判 126頁　定価 1,470円　ISBN:978-4-8293-0488-4

活力生活を育む生涯学習
生かされ活きるライフスタイル創り
新たな生涯学習へのテーマとレジャーライフ発想例を学び、倶楽部ライフ・コーディネーターの支援活動に役立つ書。クラブスタッフの研修テキストにも最適。
■ B6判 150頁　定価 1,575円　ISBN:978-4-8293-0439-6

スイミングクラブ革命
子ども・保護者・スタッフが生かされ活きる水中活動倶楽部 in スイミングクラブ
活力倶楽部創りネットワーク共編
スタッフが本質論から学び、変革・創造成功した水中活動倶楽部の理念と実際。
■ B6判 182頁　定価 1,680円　ISBN:978-4-8293-0428-0

スポーツクラブから活力生活倶楽部
使命と誇りをもった倶楽部創りの提案と実際
SPJライフスポーツプラザ共編
実際の現場で21世紀の倶楽部創りのテーマを実践しつつ、その効果と反響をまとめた。
■ B6判 182頁　定価 1,680円　ISBN:978-4-8293-0392-4

活力ある活力健康倶楽部
生かされ活きるスポーツ・スイミングクラブ創り講座
活力あるクラブ創りを目指し、業界の改革・発展を願った具体策集。
■ B6判 192頁　定価 1,785円　ISBN:978-4-8293-0409-9

倶楽部ライフ創りにお役立てください

幼児が自ら学ぶ環境づくり
■ B6判 150頁　定価 1,326円　ISBN:978-4-8293-0292-7

ひとりひとりを育む園生活
■ B6判 118頁　定価 1,428円　ISBN:978-4-8293-0312-2

高齢者のライフスタイル
■ B6判 118頁　定価 1,260円　ISBN:978-4-8293-0332-0

ライフスタイルとまちづくり
■ B6判 142頁　定価 1,470円　ISBN:978-4-8293-0375-7

高齢者の居場所創り
■ B6判 134頁　定価 1,365円　ISBN:978-4-8293-0422-8

レクリエーションワーク入門
■ A5判 174頁　定価 1,895円　ISBN:978-4-8293-0225-5

高齢者のための
レクリエーションワーク
■ A5判 126頁　定価 1,529円　ISBN:978-4-8293-0276-7

コミュニティワーク入門
■ A5判 198頁　定価 2,447円　ISBN:978-4-8293-0249-1